JN115257

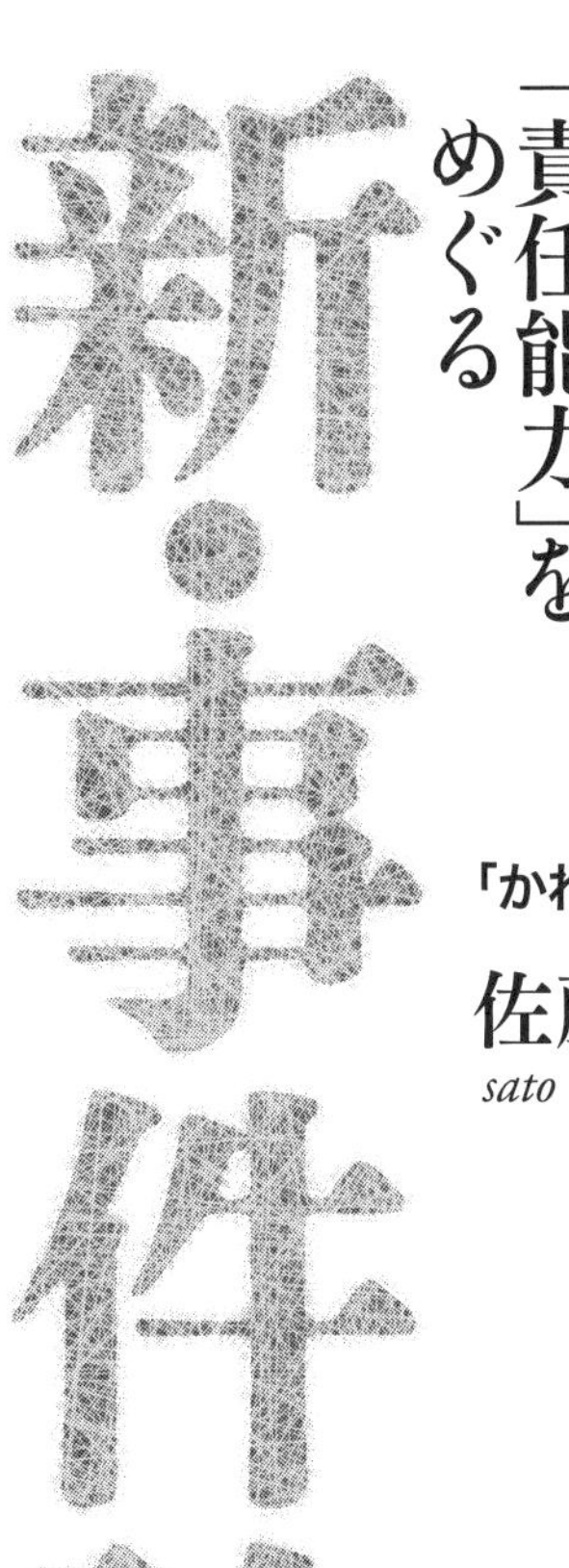

「責任能力」をめぐる

新・事件論

「かれら」はどのように裁かれてきたのか

佐藤幹夫
sato mikio

言視舎

【序に代えて】なぜ「発達障害と事件」だったのか

はじめに、強くお断りしておきたい。

「かれら」は、犯罪の予備軍ではない。「障害」が犯罪に直結するわけではないし、社会的に「危険」な存在でもない。

どうか、危険視しないでいただきたい。

「かれら」とは、知的障害や自閉症スペクトラム症のひとたち、発達障害と総称される人たちである。むしろ人をだましたり、策を弄して貶めようとしたり、自ら進んで暴力に訴えたり、そのようなことの大変不得手な人たちである。事件の加害者となるのはきわめてまれなケースである。

もしお読みいただいて、「危険な人物である」と少しでも感じられたならば、それはひとえにわたしの筆の至らなさである。

そのことをどうか理解していただきたいと思う。

*

二〇〇一年四月三〇日、台東区浅草の路上で、一人の女子大生が通り魔的な凶行によって命を奪われた。続く同年の六月八日、大阪教育大附属池田小学校で、一人の男の刃物によって児童八名が死亡し、一三名が重傷を負うという衝撃的な事件が起きた。

ちょうどその年の三月三一日をもって、わたしは特別支援学校（当時は養護学校）教員の職を辞し、フリーの物書きとしてのささやかな活動を始めていた。同じ年にこの二つの事件が起きたのはもちろん偶然である。偶然ではあるけれども、これらの事件がその後のわたしの人生に深く関与することになるということは、そのときにはまるで思ってもみないことだった。

池田小事件が当時のわたしをどれほど打ちのめし、手探りながらもその衝撃のなんであるか、ともかく言葉にしなければと夢中になって書き継いだ論考が、本書に収められている（第三章8 §1）。また浅草での事件以降、この取材に深入りしていくことになるのだが、ここで待ち受けていたのはわたしの予想をはるかに超えた事態だった。

教員時代、高等部を卒業していった生徒たちについての話題が、ときに教員の間で口に上ることがあった。一般就労をはたしたものの、間もなく職を離れ、職場を転々とし、やがて連絡がつかなくなる少数の卒業生たちがいた。行方がつかめなくなり、家族も探すことを諦めている、かつての仲間たちにそそのかされ、あるいは脅され、サラ金に手を出して返済困難になって姿をくらましている、どこそこの駅界隈でホームレスのようになっている。そんな噂を耳にすることもあった。

青年学級なる卒業生たちの組織があり、そのつながりのなかでアフターケアをする、という取り組みはなされていた。しかしそれ以上のことはしなかったし、職務上できなかった。わたしが浅草の事件の取材で知ることになるのは、支援からこぼれて消えていった彼らがどのような現実を生きることになるのか、その過酷な実情だった。

職を失い、住む場所を失い、ホームレスまがいの生活を余儀なくされる。やがて無銭飲食や無賃乗車といった軽微な犯罪に手を染める。くり返されるうちに執行猶予付きの実刑判決を受け、さらに執行猶予が取り消されて刑事施設へと収容される。出所しても行く場所がない、仕事もない、再びホームレスに戻り、犯罪と受刑生活がくり返される。そして重大事件の加害者となる。そのときに、どんな取り調べを受け、どう裁かれていくのか。詳細は本文をお読みいただきたいが、ここにもおよそ信じがたい現実があった。

彼らはなぜ支援からこぼれ、法に触れる・法を犯すというところに自らを追い込んでいくのか。司法はどう裁いてきたのか。なぜ福祉の支援が十分に行き届くことにならなかったのか。どう考え、何をすればよいのか。いつの間にかそれがわたしの仕事の中心に居座って、二〇数年が過ぎていた。

このなかで、さまざまな媒体に求められるままに書いた文章があった。量も少なくはない。主要なことはこれまで著書としてまとめてきたが、そこには未収録で、「発達障害と事件」をテーマとする論考を整理し、一著を編めないか。本書は当初、そのようにして始められた。とはいえ、そのまま並べただけでは、およそ「商品」としての体をなしていない。まして、多くの人の関心は、およそひきにくい領域の仕事である。多大な迷惑をかけることを承知で、言視舎の杉山尚次さんに持ち込んでみた。もちろん、大幅な改稿は必須だろうと告げて。

時間がたち、やはり難しいだろうなと考えていたところに、意外にも杉山さんから承諾の返事が届いた。そしてお会いし、色々と助言を受けて、改稿の作業に入った。字句訂正、重複部分の整理などをくり返すうちに、次第に徹底的に改稿したい、しなくてはならないという欲求がわたしのなかで膨らんでいった。これまでに書いた論考を引っ張り出し、さらには既刊の著書から必要と思われるところを抜き出し、そうやって作業を進めているうちに、当初の二倍近い分量になっていた。

最初のプランでは、全体を、［Ⅰ］発達障害と刑事事件［Ⅱ］更生支援の試み［Ⅲ］もう一つの「責任能力」論［Ⅳ］少年事件をどう見るか［Ⅴ］「虐待」問題の諸相、というように五部構成としていたのだが、［Ⅱ］と［Ⅴ］を削除した。それでもまだ多い（杉山さんの困った顔が浮かんで仕方がなかったが、これで押し切らせてもらいたいと腹を決めた）。そしてタイトルを「「責任能力」をめぐる新・事件論」とした。

二〇年以上も昔の論考を持ち出して「新・事件論」はないだろう、という外野からの声が聞こえて来そうである。制度も変わっている。しかしお読みいただければ分かるように、このような視点から語られた「事件論」は、おそらくは皆無である。またここで取り上げられている「責任能力とは何か」というテーマは、今もって共有されているとはいいがたい。関心をもたれないまま捨てられている、といった観さえある。

また福祉領域に関心を持たない読書人にあって、わたしの本は「福祉の本」として遠ざけられているケースを目にすることもある。それは間違いではないのだが、「障害とは何か」と問うことは「人間とは何か」と問うことと同義であると考えているわたしにとって、彼らが結果とした事件は、犯罪を考えるときの重要な典型例である。その「裁かれ方」も同様である。社会的にも個人的事情からも、もっとも弱い層から時代の重要な問題が現れてくる。そのようにして論じられる「責任能力論」ははじめてであり、そうした（いささか気負った）思いを込めて、「新・事件論」とさせていただいた次第である。

＊

ところで、犯罪には「被害者」がいる、お前の書く本は、その被害者に対して関心と同情が、いささか薄いのではないか。そのような批判を込めた感想を、ときにいただくことがある。

このテーマでの最初の著書である『自閉症裁判』に詳述しているが、理不尽にも命を奪われたご遺族に、奇跡的な「ご縁」があって、また多大なご厚意があって、ご両親はじめ、祖父母の方、被害者の母親の弟などから、お話を伺うことができた。被害女性のご両親はわたしの同郷であり、父親は高校の先輩、母親の弟（被害者の叔父）は高校の同期生であった。

そんな事情があって取材をゆるしていただいたのだが、その甚大な痛苦、理不尽さへの怒り、「なぜ何もしてやれなかったのか」と尽きることなく我が身を責める心情。わたしの拙い「言葉」などでは、およそ書き切れるものではないことを思い知らされた。そしてわたしは激しく引き裂かれた。「彼ら」はなぜ最低最悪の事態に追い込まれたのか。どう裁かれてきたのか。その問いを自身に課して始めることになった仕事が、このとき、加害と被害の間で一歩も動けないまま立ち尽くすことになった。ここで中立などという立場は可能なのか。どんな弁明を重ねても、遺族の方々への裏切り行為となってしまうのではないか。思いもよらなかったそのような問いに向き合うようにして、『自閉症裁判』は書き進められていった。

以降、わたしは被害者や遺族の方がたへの寄り添いとか、支援などと口にすることを自らに禁じた。黙って自分の仕事を進めることが、遺族の方がたへの最大の礼儀であると思いなしてきた。しかしあのときに語っていただいたこと、表情、声、口調、しぐさは、今もって鮮明であり、わたしの初心である。

被害者や遺族にいささか冷淡ではないのか、という問いかけには、このようにお伝えしておきたいと思う。

＊

すでに書いたように、基本となっているのは、これまでに書いた論考である。それを改稿し、補強し、構成を整え、幾度か推敲をくり返して本書はでき上っている。当時のままの記述部分と、新たな加筆部分とが混在している。いまでは診断名や制度が改まってはいるが、旧来のままにしておいた。

できるだけ混乱のないように努めたが、あるいは齟齬をきたしている箇所が残っているかもしれない。その点がもし見られたならば、ご海容いただきたい。ときには重圧や、孤立感や閉塞感を、あまり美味とは言えない酒の肴としながら刻んできたこの二〇数年の軌跡が、本書である。

「責任能力」をめぐる新・事件論　目次

第二章　新・少年事件論

第三章　新・事件論（2）

第一章

新・事件論（1）

――「かれら」はどのように裁かれてきたのか

1 「レッサーパンダ帽男」の罪と罰

――二〇〇一年東京・浅草短大生殺害事件

§1 ある刑事裁判をめぐって

▼事件のあらましとその特徴

『自閉症裁判――レッサーパンダ帽男の「罪と罰」』という刺激的なタイトルの著作を上梓したのは、二〇〇五年三月のことである。この著作は、二〇〇一年の四月三〇日に東京・浅草で起きた短大生殺人事件と、その裁判を追いかけたノンフィクションである。

奇怪でかつ退嬰的な趣味・嗜好をもつ男による、無差別の通り魔殺人としてセンセーショナルに報道された。男は犯行時、レッサーパンダの〝ぬいぐるみ〟をかぶり、冬物の厚手のコートを羽織っていた。人がにぎわうゴールデンウィークのさなか、しかも白昼の、東京・浅草のど真ん中での凶行である。「動機」不明の衝動性、多くの刺し傷が示す残虐性も、人びとに大きな衝撃を与えた要因だった。逮捕されるまでの間に次々と寄せられる目撃情報を、連日新聞やワイドショーは報じつづけた。

逮捕は事件から一〇日後の、五月一〇日。その経緯は、先ほどの著書に詳細を述べているのでここでは省こう。東京検察庁より起訴されたのは五月三一日。初公判は一〇月一九日。以降、四年にわたる裁判を経て、二〇〇四年一一月に、求刑通りの無期懲役が言い渡された。男はいったんは控訴したが、二〇〇五年の四月に自らの意思で控訴を取り下げ、刑が確定した。

事件は「浅草事件」とか「レッサーパンダ帽殺人事件」と呼ばれたりしたのだが、この四七回に及ぶ裁判や、被害者遺族や、加害者の関係者双方への取材を重ねて書き上げられたのが、拙書『自閉症裁判』である。

わたしもまた、「変質者による通り魔殺人」というのが、多くの人と同様、最初に抱いた印象だった。しかし高等養護学校の卒業生であり、自閉性の特徴と軽度の知的障害をもつという情報を得たとき、腑に落ちるものがあった。場所や季節、人の目をわきまえない服装やいでたち。これは、彼らにときに見られる着衣へのこだわりである。凶行に及ぶさいの、まるで捕まえてくれといわんばかりの杜撰さは、後先を考えたり、計画的に実行することの難しさを抱え、場当たり的な行動に終始した結果である。まさに思い当たるフシがあった。それが、取材を決断させた理由だった。

特別支援学校（当時は養護学校。以下同）教員として、在職中、福祉や卒後支援のネットワークから零れ落ちていく卒業生たちがいた。彼らがどのような人生を歩むことになるのか。また法に触れる身となったとき、どのような支援を得ることができるのか。司法は彼らをどう裁き、どんな処遇を与えているのか。教職を辞し、そのことが知りたいと考えていた矢先の事件だった。

以降の四年間、行きつ戻りつしながら取材がつづけられていったのだが、待ち受けていたのは予測をはるかに超えた事態だった。

▼なぜタブーとなってきたのか

わたしの知見の狭さゆえ、と留保しなくてはならないだろうが、取材を始めた二〇〇一年の当時は、「知的障害・発達障害と犯罪」という問題に、真正面から取り組んだ言論や著作に出会うことはなかった。また福祉や医療が、これまでどのように対応してきたか、その情報に触れたこともなかった。事件取材を通じて故副島洋明弁護士や大石剛一郎弁護士を知ることになるのだが、それまで司法がどう裁いてきたかという点についても、わたしはまた無知であった。

「重大事件の加害者となる障害者」。これは触れてはいけない主題のようで、もとの教員仲間や福祉関係者に尋ねても、それは障害に対する差別や偏見を助長することにならないか、自閉症やアスペルガーの人たちは、加害者となるよりも被害者となることのほうが多いのだから、そちらのほうこそ問題とすべきではないか、と疑問視する声が少なくなかった。「殺人犯となった自閉症青年」などという本は、親の会から猛反発を食らうだろうと、脅しめいたことを述べられたこともあった。

わたしも、そうかもしれないと思った。「障害」それ自体が、まだまだデリケートな問題である。自閉症や知的障害をもつ人たちへの偏見や差別は、相変らず少なくなかった。もっと知ってほしいと訴えても、多くの人にとってはしょせん対岸の火事。「法を犯す知的・発達障害者」などと記しただけで、無用な誤解や反発は立ち上がってくるだろう。保護者にあっても、傷に塩を塗りこまれるような想いを抱くだろうことは、容易に察しがつく。

また自分の身を守ることがいかに難しいか、という事実を端的に示すように、トラブルの「加害者」として現れたときでも、その原因を丁寧にたどると、初発には激しく痛めつけられた被害者としての彼らがいた。

もう一つ大きな「壁」があった。報道の問題である。

容疑者が障害をもつ、ということが分かった時点で報道は一気に引いていく。この事件では、「高等養護卒」という事実は伏せられたまま報じられ、そのことによって、「悪質で残虐きわまりない犯人」像が大々的に報じられる結果となった。伏せてしまうか、事実とかけ離れた過剰報道となるか。このいずれかが、彼らが犯罪加害者となったときに見られる報道の現状であった。

このままでよいのだろうか。くり返すが、きわめてデリケートな問題ではある。しかし、「次の一歩」を踏み出さなくてはならないのではないか。わたしたちは、誰もが犯罪に巻き込まれ、加害者となり得る。その時点で、取調べ・裁判・処遇という司法手続きのなかに置かれることになるのだが、この実状を知ることは、決してマイナスにはならないはずである。

加えて、自閉症やアスペルガーの人びとが刑事手続きのなかに置かれたとき、取り調べる側の意のままになりかねないことは、彼らとかかわった人間ならば容易に察しのつくことである。もし「障害」を考慮されない調べを受け、十分な弁護のないまま裁判に乗せられているとするならば、それは重大な人権侵害の危険を伴う。なぜこのことを誰も指摘しないのだろうか。これがわたしが抱いた最初のモチーフだった。

▼「自閉症」への本質的な裁判であったがゆえの難しさ

長い回り道をしたが、以下、その裁判について改めて振り返ってみたい。

加害男性は高等養護学校を卒業した二九歳（当時）の青年で、卒業後、家出・放浪をくり返し、前科四犯で卒業後の一〇年の半分を刑務所で過ごしている（ただし万引き、窃盗などの軽微な犯行だった）。

初公判において、動機及び犯行の経緯が、検察官によって次のように述べられた。

吾妻橋での前兆事件のあと一度〝寝ぐら〟に戻った被告人は、わいせつ行為をしたいという欲望を押さえ切れず、再び同様の服装で寝場所を出て、吾妻橋を渡り、江戸通りへと出た。そこで「台東リバーサイド・スポーツセンター」へ向かっていた被害女性の後姿を目にし、胸や尻を触るなどのわいせつ行為をしたいという欲求に駆られ、包丁を持って後を追いかけ、近づいていくが、言問橋西の交差点前に差しかかったところで、被害女性が偶然振り返った。被告人は同女の顔を見て、好みのタイプである可愛い女性だと感じた。しかし一方、変な顔をして睨み付けてきたと思い込み、服装を馬鹿にされたものと感じて立腹し、激昂。とっさに殺意を抱き、自分がさしていた傘を捨てて被害女性の背後に接近し、そのまま路上においていきなり背中に包丁を突き刺した。それから両肩をつかみ、ビルの間の路地に連れ込み、仰向けに押し倒して馬乗りとなり、さらに胸や腹部を三度、突き刺した。

これが検察官の述べた犯行時の経緯であった。当然ながら、被告の自白供述がこの冒頭陳述の元になっている。「殺意」を強調するためにいくつかの「ストーリー」が加えられており、「こんなかわいい子だから彼氏がいるだろう、だったら殺して自分のものにしたかった」という犯行動機を示す言葉も供述調書には書き留められていた。

しかし、被告はわいせつ目的を一貫して否定した。ではなぜ包丁を突きつけたのか、と問われ、「友だちになりたかった」と答えた。この言葉はどこまで信じられるか、殺意や動機をどう考えるか、本当に「わいせつ目的」だったのか、ということが裁判の大きな争点となった。

もう一つ、事実認定についても重要な目撃者がいた（詳細は次節で）。信号待ちをしていたタクシー運転手であり、彼によれば、相合傘で、言問橋西の交差点から浅草駅方面に向かう二人連れの男女がおり、二人が小路に入ったのを目撃したという。証言に間違いがなければ、先に語られた方向とは逆の方から歩いてきており、「背後に接近していきなり背中を刺した」という内容と齟齬が生じる。

細かな論点は省くが、警察官と検察官の調書に動機の相違が見られるなど、弁護人は事実認定の不整合を指摘し、自白供述書の任意性に対して疑義を訴えていく。しかし裁判所の認めるところとはならず、調書は任意性、信用性ともに信頼するに十分であり、公判における被告人の供述は言い訳を弄しているのであり、むしろ改悛の情を認めがたいと見做した。

詳細は拙著をご覧になっていただきたいが、先の「殺して自分のものにする」という言葉がどこから出てきたのか。著書では加害青年の片言をつかまえ、取り調べ警察官自身のストーリーにはめ込んでいったのではないか、と推理分析している。

今回の裁判でもっとも特筆すべき点は、弁護人が被告人の「自閉性の障害」を前面にすえたことである。もう少し詳しく述べるならば、司法手続き全体のなかで、「自閉症」という障害がまずは認知されること、加えて適切に理解されることを最大の訴えとした点が一つだった。

もう一つは、被告人が自分のなしたことをどう理解し、それをどこまで贖罪の言葉とすることができるか、そのことを弁護人が徹底して問いかけたことであった。附言するなら、このような弁護人がおられることに大いに勇気付けられたし、また、たくさんのことを学ぶこともできた。

しかし一方では、こうした弁護のあり方には疑問をもつ方がいるかもしれない。自閉症云々を争うのではなく、徹底して事実認定に即して弁護し、量刑の闘いとすべきではなかったか、というように（本書にも書きとめてあるが、同様の思いは、弁護人副島洋明氏も苦渋とともに吐露していた）。

しかし結果的には、自閉症もしくはアスペルガー症候群という障害は裁判所の認めるところとはならず、「軽度の精神遅滞であり、自閉傾向を有することは明らかであり、その点が犯行に及んだ経緯に影響を与えた点は否めない」と述べるにとどまった。

被告人の証言に対しても、「最愛の娘を理不尽にも殺害された深い苦悩と苦しみに苛まれている被害者の遺族に対し、なんら具体的な慰謝の措置を講じていないばかりか、公判においても不合理な弁解を弄し、取調官への批判を繰り返すなどしている。（略）こうした事情に照らすと、被告人が自ら犯した罪の大きさを真摯に認識しているか、疑問と言わざるを得ない」とし、贖罪や謝罪感情のほとんどを斥けた。

ならばこの裁判は、失敗例としてのみ記憶されるべきものなのだろうか。わたしにはそのようには思えなかった。判決がどうであれ、ここで試みられた弁護は、軽度発達障害・自閉性の障害をもつ人びとへのアプローチとしては、もっとも最大の難関部分への、あるいはもっとも本質的な部分への、真正面からの切込みだった。

わたしを四七回にも及んだ裁判に足を運ばせ、その膨大な裁判資料を整理し、重要と感じられたところをできるだけ詳細に再現しようと決意させたのも、この裁判のもつ意義の大きさを痛感すればこそだった。しかし真正面からの切り込みであればあるほど、難しさも端的に現れることとなった。

軽度発達障害・自閉性の障害の本質的な部分とは何か。一つには彼らの認知（ものの見方や捉え方）や感情世界の、その独特なあり方であり、もう一つはそれに伴う思考や言語表現の問題である。そして端的な難しさとは、自閉症という障害の特徴が現れれば現れるほど、それが法廷という場においては「犯情」（裁判官への印象）を悪化させることになりかねないというジレンマ、つまりは被告自身にとって、必ずしも有利な立場を導くわけではないというジレンマである。

彼らの特徴を一言で言うならば、行動や感情における「共感性の欠如」といえるだろうと思う。彼らの側に立っていえば、感情を共有的な表現とすることの難しさ、と言ってもいい。通常は、喜びや悲しみの感情が稀薄であるとか、感情の表現が苦手であると説明される。しかし精確にいうならば、つぎのようなものではないか。

法心理学者の浜田寿美男氏は「本源的共同性」という言葉で言い当てているが、他者と「同型」になろうとすること、他者と「相補的なやり取り」をすること、これが人間のもつ本来的な特性であると浜田氏は言う（詳しくは氏の『「私」とは何か』講談社選書メチエを参照していただきたい）。そして感情もまた、本来共同的なもの、他者とやり取りされながら共有されるものである。共有されるものであることによって「喜び」も「悲しみ」も深まり、育つものである。育つことによって、さらに共有的な表現となっていく。それが通常のたどるプロセスである。

ところが、彼らの喜びや悲しみの感情表現は、他者と共有する点においての難しさを持つ。本源的共同性の「つまずき・遅れ」が「障害」の本態であるからだ。結果、感情表現が苦手であるとか、稀薄だという印象になってしまう。このことが感情交流における微妙なずれをもたらす。

事件の被告も、唯一の心の支えであった母親が亡くなったときにも、悲しかったが涙が出なかった、とくり返した。妹の死に際しては、その直後であるにもかかわらず、もっとあっさりと「涙を流すほどは悲しくなかった……」と答えていた。妹は、自分の放浪を経済的に支えていた、ただ一人の存在であったというのに、である。

このことはどう受け取られるだろうか。これが自閉症やアスペルガーの人びとの特徴であると説明されても、どこかで感情的な受け容れ難さを残すのではないだろうか。被害者についてどう思うか、と問われたときにおいても、「言葉にできないほど申し訳ない」と繰り返すにとどまった。仮に贖罪の感情を持っていたとしても、それが表現されたとき、「言っているだけ」のような印象を与えてしまう。裁判所が被告の自閉症という障害を認めなければ、彼らの特徴は、逆にマイナスの印象を強めてしまう。傍聴し、その証言を聞きながら、幾度となくそうしたジレンマを感じていた。

▼自白供述をめぐる問題

自白供述をめぐるもう一つの大きな争点は、自白調書の「任意性」をめぐるものであった。逮捕直後の上申書、警察官と検察官によるそれぞれの供述調書、これらがどこまで被告人が自らの意思で供述したものか、その争いに時間が費やされた。ここには、大きく二つの問題があると思われた。

まず、一般の成人男性にあっても、逮捕拘束以降、この取調べの過酷さは並大抵のものではないという事実を、浜田氏の多くの著作は教えていた。「逮捕以降、それまで人間のなかにあった人が一人取調室に引き抜かれ、外との情報を一切遮断される。これがどれほどたいへんなことか。この事実だけで、すでに任意性に問題があると考えなくてはならない」。浜田氏は、ある講座においてそのように述べていた。しかも逮捕から二二日間もの長期にわたる拘束が認められているのは、先進国では日本だけであるともくり返していた。

ここに、自閉症・アスペルガー症候群の人びとに固有の難しさが加わる。彼らはその真情がどうであれ、曲がりなりにも問われたことには答えることができる。文字も記すことができる。知的な遅れが著しい場合であれば、会話が成り立たないとか、簡単なことが理解できないとか、文字が書けないとか、誰が見ても「問題」を感じるだろうが、彼らにおいては、そのようにはっきりしたかたちでは現れてはこない。

加えて、厳しい口調でくり返し問い詰められたとき、「それは違う」と答えることはわたしたちにあっても難しい。また、その応答がどのような意味をもち、自分にとって有利になるか不利になるかという判断よりも、とにかくその場をやり過ごすことが優先されるだろうことも、容易に推測できる。結果、迎合的な答えになりやすい。被暗示性の問題もある。一度思いこんだことは、切り替えや訂正がきかなくなるという、パターン化や固執性の問題も抱えている。時系列の理解や記憶保持の特異さについても、やはり彼らには独特のものがある。そうした特性が理解されないままの取調べがなされたとき、彼らにとって自白供述の任意性とは何か、という問いが強く立ち上がってくる。

くり返すが、取調べそれ自体が、まずは他者から切り離された密室での、いうならば非日常の、孤立と極度の不安のなかでの詰問である。長時間に及ぶ。一般の成人男性でも、通常の心理状態を保つことは難しいといわれるほどに、過酷な場でおこなわれ、そこに、彼らにおける固有の事情（弱さ）が加わる。彼らがたった一人で取調べという場に置かれることそれ自体、供述の任意性がもはや保障されていないと考えるべきではないだろうか。浜田氏同様に、わたしにはそのように思われてならなかった。

副島弁護人は、初公判の罪状認否の段階で被告人尋問を求めていたが、それはよくよくこのような事情を顧慮すればこそであった。そして何度か調書の任意性についての訴えを出したが、裁判所はすべて棄却した（改めていうまでもないが、任意性に疑いがあるということは、警察・検察が描いた犯行態様と動機が疑われる、ということであり、それは量刑の判断に直結する）。

▼世界や他者に対する「信頼」という問題

「供述」における問題の三つ目は、次のような難しさであった。任意性を争うためには、被告人に相応の受け答えをしてもらわなくてはならない。あるいは贖罪感情を述べるためには、自分のなしたことをまずは直視し、受け入れ、事実がどうであったかを述べなくてはならない。そのためには、被告人と弁護人とにあって、強い信頼関係を必要とする。

さまざまな事情で犯罪にいたる知的・発達障害を持つ人の、過半がそうだろうと推測されるが、彼らはこの社会において生きることについての意味を失っている。自己価値や自尊感情と呼ばれるものが、著しく低下していることが多い。この被告も、当初、裁判も弁護も必要ない、と訴えていた。弁護人は、まずはこの事実に直面し、どう人間関係をつくるか、相当に苦慮したと言う。

さらにもう一つ、被告人は法廷にあって「自分は人と変わっているかもしれないが、障害者ではない、そう見られたくもない」とくり返していた。弁護人は「あなたは自閉症という障害をもつのだが、そのことがこれまで周囲に理解されてこなかったのだ、だからこそ辛い人生をおくってきたのだ」と、納得するまで述べなくてはならなかった。いわば、本人の望まないこと、触れてほしくないことを伝えながら信頼関係をつくっていくという、背理と呼んでもよい状況のなかで弁護がつづけられることになったのである。

さらにこの被告人は空想癖と言ったらよいだろうか、自分の空想世界にとどまりたい、そこから出たくないという強い性向をもっていた。この傾向は、アスペルガー障害の人にときに見られるものだが、それが彼にとっての唯一の安心できる場所だった。しかし刑事裁判は、そこにとどまることを許さない事実審理の場である。彼にとっては厭な家族関係のこと、苦痛でしかなかった在職中のこと、ホームレス時代のこと、はては自分が手にかけてしまった女性のことなどを問われ、いやがおうでも現実世界に引き出されることになる。当然、被告人には心理的な抵抗が働く。このこともまた、弁護人が乗り越えなくてはならない、大きな課題だった。

やがて変化が生じていく。被告人尋問において、当初は「……（沈黙）分かりません」「……覚えていません」という答えが多く見られ、傍聴席にいるわたしにも、投げやりになっているのではないかと感じられることが少なくなかった。ところが、一年ほど過ぎたころから、その変わりようははっきりと感じることができるまでになった。変化を促す要因はいくつかあったろうが、二人の弁護人との信頼関係がしっかりとしたものとなっていることも、生きていくことに対して前向きになっていることも、その証言態度からうかがうことができたのである。いってみれば、裁判の場が被告人にとって、「生き直し」の場となりかけたのである。

しかし、前述したように、こうして語られた証言の変容を、裁判所は「不合理な弁解を弄し」と斥けた。しかしわたしには、裁判所のこの理解は逆ではないかと思えてならなかった。事実を直視しようとすればするほど、むしろその証言は整合性が揺らいでいくのではないか。何の矛盾も無駄もなく、淀みなく語られるストーリーこそむしろ疑うべきであり、証言の混乱や不合理さには、真摯に向き合い始めたゆえ、という側面はないか。記憶の曖昧さや、他者（取調官）によってもたらされた情報との混乱という現実にぶつかるだろうし、彼らに固有の記憶の保持やこだわりという問題も、さらに事情を難しくするだろうからだ。

このように、いくつもの難問を抱えながら進められた裁判だった。

楽天的になることができる要素はわずかもないし、これまで述べてきた難しさは簡単にはなくならないかもしれない。弁護団はこの裁判を、これからのリーディングケース（先例）となると位置づけていたが、それゆえの難しさであり、もし司法精神医学と裁判所が、自閉症・アスペルガー障害についての理解を深めていけば、いくらかなりとも解消されていくことである、とそう考えてよいのだろうか。楽観はできない。しかしそのための布石となったのではないか。また布石となってほしい。それが著書において、わたしが最も伝えたいことだった。

（原題）「ある刑事裁判をめぐって」（『そだちの科学』5、日本評論社、〇五年一〇月）を改稿

§2　消された目撃証言

＊この事件は「自白事件」であり、犯人性についての争いはない。では何が争われていたかと言えば、前節で書いたように、被告人の自白供述がどこまで自らの意思でなされたものか（自白の任意性）、その内容がどこまで信用のおけるものか（自白の信用性）という点をめぐっていた。『自閉症裁判』の中心をなす主題はそこにあるが、それがどのようなものだったか、この§2では、弁護人と検察側証人（取調官）との「対立」が鋭く表れていた公判の一端を示したいと思う。著書からの、章の前後を省いての「引用」であり、紙数の都合でいくつかの省略も加えている。趣旨が正確に伝わらないのではないかともおそれるが、どのような裁判だったのか、いくらかなりともお伝えできるよう努めた。くり返すが、独立した論考ではなく、著書のある章の「引用」である。その点を含みながら、まずはお読みいただきたいと思う。

▼「上申書」の「作者」は誰か

ここでひとつの文章を示したいと思う。（長い逃避行のあと辿り着いた）代々木の工事現場での任意同行の直後に、原宿署で書かされた「上申書」である。それは「わたしが女の子をころしたことについて」とタイトルされており、次のような内容のものだった。以下、原文のまま。

ことしの4月30日のごぜん10時30分ころあさくさでかさをさした女の子のうしろからこえをかけようと思ったら女の子がふりかえり、へんな目で自分のほうをみたので自分は女の子をころして自分のものにしようと思いみぎてのほうちょうで女の子のせなかをさし女の子のりょうかたをもちろじにいれあおむけにたをし女の子のおなかをほうちょうでさしさらにうまのりになって女の子のくびをりょうてでしめようとしたらちかくのマンションのうえから男のこえで、けいさつをよぶぞとゆうのでにげたのです。

にげるとちゅうで、ぼうし、けがわのコート、メガネ、ほうちょう、女の子のかさなどを川のどてにすてました。

員面調書の内容のすべてはわたしには知る由もないが、犯行の外形や動機などとして作成されていく原型が、すでにここに現われている。以後、供述の詳細について検討を加えていきたいが、その前に、まずはこの上申書についてのつぎのようなやり取りを上げておきたい。証言台に座っているのは戸田警部補（仮名）である。

弁護人「この上申書というのは、誰が考えたものですか」
証人「いや、本人です」
弁護人「すべて本人ですか」
証人「はい」
弁護人「このタイトルもですか」
証人「ええ。タイトルは、『調べ』をしまして、自分が女の子を殺したんだということで、じゃあそれを題にした方がいいんじゃないかということで、本人が書きました」
弁護人「タイトルについてはアドバイスを与えたということですか」

証人「はい」

弁護人「事実関係について概略が書いてあるのですが、この内容についてはアドバイスを与えているのですか」

証人「与えていません。これは自分が言ったことをまとめて、本人が書いたものです」

弁護人「着衣、凶器の形などの絵が添えてありますが、これも被告人が書いたものですか」

証人「その通りです」

（第一七回公判）

そしてこのあとに、すでに引用した「何でもすらすら答えた」というやり取りが続く。この上申書がつくられるまでには、事実関係についての徹底した「詰め」が行なわれているのだが、証人が述べているような、問われることにはすらすら答え、上申書はそれを男が自分でまとめたものだ、という証言はどこまで信用のおけるものだろうか。

以下、調書に現われた事実関係の客観的不合理をできるだけ手短かに紹介していきたい。それが明らかになれば、「上申書」の作者も自ずとはっきりとしてくることだろうと思う。

▼警察官の取調べと調書(一)——ほんとうに「いきなり背中を刺した」のか

二回目以降の公判は「犯罪の立証」の検察側証人として、救命医療センターの救命医が、三回目の公判では司法解剖医が法廷に立つことになった。そして先にも述べたように、六回目以降は調書を作成した警察官たちが証人となる。しかし、弁護人による反対尋問のなかで、検察側の示した犯行態様のいくつかが崩れていく。わたしにはそのように思われた。

まず、第六回から第九回まで捜査取調べに当たった警部補が証言に立つが、この現場再現書の「恣意性（という言葉が言いすぎならば不合理性）」である。

被告がもっていた傘をどこでいつ捨てたかについての図と説明の矛盾が見られた。あるいは作成した図面には、いくつかの数値の誤差や縮尺の誤りが指摘された。その最たるものが、「被告がパンを捨てた場所」と「そのときO・Mさん（被害者）がいた場所」から、つぎの「組み付いた場所」まで、図によれば被告人は四四メートル進んだことになっているが、O・Mさんは一八メートルしか進んでいない。しかも被告が走ったとも、O・Mさんが立ち止まったという証言もされていない。そのような図面になっていることであった。作成責任者はこの不合理を指摘されると「被告の指示通りに場所を特定し、計測班が距離を測り、自分はそれを記録しただけだ」「被告が言ったとおり書いただけだ」とくり返すのみだった。

しかしさらに重要なのはつぎの点だった。男が自ら書いたという上申書には、「みぎてのほうちょうで女の子のせなかをさし」とある。また検察が提出した冒頭陳述書の要旨も「ベルトから取り出した前記洋包丁を右手に持ち、いきなり背後から同女の背部を一回突き刺し…」となっている。つまり、「近付いていきなり背中を突き刺した」のかどうか。これが最初の大きな争点だった。

救命医の証言によって、上腰部にあるその傷は「長さが三センチ、深さ一センチの傷である」ことが明らかとなった。しかも服の傷と、位置が一〇センチほどずれている（第二回公判）。つまりこの傷では、「いきなり背中を刺した」という事実を立証しないのではないかという疑いが生じる。それが弁護人の最初の反証だった。

救命医は切傷か刺傷かの明言は避けた。包丁の刃の向きが上向きか下向きかという問いに対しても、その判断は自分のなすところではないとくり返した。衣服の傷とのズレに対しても、両者ともに動いている状況であること、衣服は伸び縮みするものであることから、断定はできないしそれは法医学が判断すべきことであるというのが医師の答えだった。

▼司法解剖の結果

司法解剖は五月一日、その鑑定の結果が示されたのが七月二四日である。三カ月近く過ぎているが、通常これくらいの時間を要するのだという。執刀にあたった解剖医が法廷に立ち、おおよそつぎのように述べた。

法医学においても「刺創」「切創」についての一〇〇パーセント厳密な区別はない。刺した凶器を動かさずに抜くということはなく、切りながら抜くのが通例であり、切創がどれくらい長く残っているかを較べ、決めるものである。そして衣服の傷とのズレについては、

「シャツをちゃんと見てみないと分からないが、衣服の傷から判断するには無理がある。矛盾があれば別だが、衣服の傷からだけ判断し、鑑定結果に異を唱えないでほしい」と述べた。

「背中の傷は二・三センチと救命医の測定とは異なる数値になっており、救命治療の際、指とゾンデを入れて図ったと証言していたが、そのときに広がったのではないか」

と弁護人が尋ねた。解剖医は、

「傷の感じから見てそれはない。傷は脊椎まで達しており、優に一センチ以上はある。それを指やゾンデで広げるということはありえない。医療行為が加わった後であるから可能性は否定できないが、指で広がるということは通常は考えられない。臨床医は生命の維持が優先されるから深さの数値にかならずしも正確を期しているわけではない、解剖医とは見る視点が違う」と答えた。

このようなことを記し、残酷な凶行の状況を、少しでも軽く見せようとしているのだとは思わない

でいただきたい。あえて書きとめておくが、傷は全部で五カ所。右胸、心臓の下、背中、左上腰部から上腹部かけて、左手首。致命傷となったのは、心臓の下の、深さ一四センチを越す刺傷だった。この傷が下大静脈を切り裂き、大出血を引き起こすという凄惨きわまりないものであった。

このあとを書き進めるのは大変に気が重いのだが、男は次のように述べていた。

「近づいて行ってO・Mさんの左肩をつかみ、後ろ向きに路地に入った、そして押し倒し、馬乗りになってお腹を数ヶ所刺した、O・Mさんは悲鳴を上げ、すごく暴れていた、そして首を絞めた……」(第四回公判)。

弁護人に「背中を思い切り刺したといっているが、深さが一センチしかなかったと医師が証言している、強さの記憶はあるか」、「間違いではないか」、「『背中にすっと入った』と調書にはあるが、間違いではないか」と問われ、すべて「覚えていない」というのが男の答えだった。どんな状況で背中の傷ができたか、ということも、やはり男の記憶にはなかった(第一三回公判)。

背中の傷は第一撃である。「思い切り刺した」と男は供述した、そのように員面調書は作られた。しかし傷の深さは一センチしかない。ほんとうに思い切り刺した傷なのか。弁護人の反証はそこに向けられていた。臨床医の証言は限りなく疑いを深めるものではあったが、解剖医の、「それは法医学とは異なる立場からの、あくまでも救命を目的とした立場からの見解である」との意見によって、決定的な反証の足がかりとはならなかった。

▼タクシー運転手の証言

しかしもうひとつ気になる証言があった。第三一回の公判で、現場を目撃したタクシー運転手Sさんによる証言だった。Sさんは七〇歳を過ぎた今も、アルバイトではあるが、ひと月に一六日タクシーを流すベテランのドライバーだった。

事件当時、東武浅草駅そばのデパートの前で二人の客を乗せ、リバーサイド・スポーツセンター方面に向け、江戸通りを北上していた。客は七〇歳を過ぎた老婆と、その娘らしい四〇歳くらいの女性だった。Sさんのタクシーが現場近くにきたときに信号待ちとなった。位置は、現場からはちょうど真横になっている。前にはもう一台車が停まり、信号を挟んで五、六台の車が停車していた。

そのときSさんの目に、相合傘で歩いてくるひと組のアベックが飛び込んできた。言問橋交差点から浅草駅方面に向かっており、車道側を歩いているのは男性で、ズボンがひどく汚れている。女性の方はこざっぱりとした普通の服装だった。おかしな組み合わせだと思ったが、この広い東京にはおかしなアベックがたくさん歩いているから、とそのときには思ったという。二人とも、顔は傘に隠れて見えなかったし、年齢もよく分からなかった。

なぜ「アベック」だと思ったのかと弁護人に問われ、「ちょっと風体が気になって。あの辺はホームレスが多いので、変わったアベックだなと思って見ていたんです」と答えた。警察の事情聴取では「男が女の人の首部分に左腕をまきつけるようにしていた。体を寄せるようにしていた、だからアベックだと思った。特に怯えているとか嫌がっているとも見えなかった」とも答えている。

二人は江戸通りの歩道を左に折れて路地に入っていった。Sさんの車から路地までの距離は二〇メートルくらいだったという。Sさんが少し目を離したそのとき「ギャー」という声がした。見ると、女性が仰向けに倒れ、男がその上に馬乗りになっている。男はSさんに背中を向けていたが、両手で首を絞めているように見えた。

「女性の方が足をばたばたとやっていたのです。数にして大体、六、七回か七、八回か分かりませんが。その足がばたんと地べたに落ちて、ぎゅーっと伸びたんです。これは大変なことだ、と思って、このヤロー、何やってるんだーと怒鳴った」という。

するとと男が振り返った。そして立ち上がり、走って隅田公園の方へと逃げていった。この間、ほぼ三〇〜四〇秒ほどだったという。Sさんは目的地まで客を運び、それから急いで戻ってきたのだが、すでに警察官が来ていて、女性は救急車で運ばれたあとだった。この間、七、八分だった。なぜすぐ駆けつけなかったのかと問われ、車がセンターライン寄りに停まっていたし、もし勘違いだったら怒られてしまう、客も運ばなければならなかった、と答えた。その二人の客は、Sさんが大声で怒鳴ったときも、あれは殺人事件だと話しかけても、まったく無反応だったという。

これがSさんの証言の概略だった。

▼供述調書との食い違い

しかし、Sさんのこの目撃証言は、警察の作成した供述調書と大きく異なっていた。まずSさんの証言では、男とO・Mさんは調書で示された方向とは逆から歩いてきている。

弁護人「この事件の被告人は、これまでの取調べで、松屋の方から来て右折して路地に入った、つまり証人とは反対から来たと証言しているのですが」

証人「いや、私が言うとおり間違いありません」

弁護人「すると被告人が話したとされる内容は間違いですか」

証人「間違ってます」

つぎは「いきなり背中を刺した」という事実との齟齬。

弁護人「被告人は、路地に入る前にいきなり背中を刺したとも証言していますが」

証人「それも刺していません」
弁護人「証人が見たときには、背中に包丁を刺したという状況は見られなかったということですか」
証人「そうです」

この証言が真実であるならば、「振り返ったO・Mさんに馬鹿にされたと思い込み、激昂し、いきなり背中を突き刺した。それから路地に引きずり込んだ」という警察が作成した犯行態様や動機が危うくなる。「上申書」はほんとうに、男が「すらすら」と進んで書いたものなのか、そういう疑いが濃くなるのである。

▼証言は改変されたのか?

そしてここから先、さらに不合理な事態が現れてくる。Sさんが警察で話して記録されたはずの調書に対し、公判の場で、自分はそんなことを言っていないとSさん自身が否定するのである。

弁護人「先ほど示した(証人が警察で供述した)調書には、悲鳴を聞いて路地を見たところ、男性が女性を抱きかかえるようにしているのが見えた、とあるのですが」
証人「いや、馬乗りになっていました」
弁護人「その前。女性の悲鳴が聞こえたので、よく見ていると男が女を抱きかかえ、そのうちに男が女の上に馬乗りになり、首を絞めているのが見えた、と書いてあります」
証人「男が抱きかかえているのは見えないです。最初からくっついて中に入ったんですから。それは、私は言っていません。見えないんですから」

さらには警察の作成した「目撃状況証拠書」において、停止した車の位置が証人の証言とは異なるものが作成されていた。

弁護人「この現場見取り図では（図を示しながら）、タクシーの位置がここ、犯行現場はここととなっているんですが、この位置関係はどうですか」

証人「私が見たところと現場は一直線です」

弁護人「そうするとこのタクシーの位置がもっと上ですね」

証人「そうです。私は真横です」

弁護人「これは真横じゃありませんね」

証人「これは誰が書いたんだか、私は知りません」

弁護人「添付された写真があって、前方半分くらい車が見えるだけなんです」

証人「こうじゃない、真横です」

もうひとつは添付図面の不可解な事実だった。（図面には「1．Sさんが最初に二人を目にした地点」、「2．路地に入る角の地点」、「3．犯行現場」と、それぞれの場所に番号が付されていた）。

弁護人「言問橋の方から二人で歩いてきたということも、ちゃんと話しましたか」

証人「ちゃんと言いました。これ、私の字でしょう」

弁護人「ただ、1がないんですよ。2、3があって1がない」

証人「だって私はその場所から見たんだから。路地に入る四メートルほど手前ですよ。現場検証だってちゃんとやったんだから」

弁護人「でも調書には載っていません。話したと言われることが、ぜんぜん載っていません。何で書いてくれないんだということは言わなかったのですか」

証人「私もこういう裁判なんて生まれて初めてですからね。後からこうしたことが出てくるなんて、不思議でしょうがないですよ。私は間違ったことを言っていないんだから」

弁護人「じゃあ、書いてもらえなかったということかな」

証人「そうですね」

弁護人「最後に確認しますが、検事さんは、被告は浅草の駅の方から歩いてきた、だからあなたの勘違いだと言っているのですが、何かご意見はありませんか」

証人「一〇〇パーセント、まったく間違いありません。松屋の方から歩いてきたんだったら、私にはぜんぜん見えません。路上の真ん中にいるんですから、後ろから来た人は見えないでしょう。前から来なければ、人は見えません」

先にも述べたように、後の公判の被告人尋問で、タクシー運転手の証言があるが、江戸通りから路地に入るときの記憶はないかと聞かれ、男は「覚えていない」とくり返した。それだけではなかった。最初に怒鳴られた声は上から聞こえてきたし（マンションの住居人の声のことである）、タクシーの運転手とは目が合ったことない、そう答えた。どちらの言うことが正しいと思うかと尋ねられ、自分のほうが正しい、と再三答えるという不合理な証言もくり返した。その証言は自身を不利にする、ということを、男が分かっていないことを示した。

しかし、三四回公判ではそれを撤回し、「包丁を出して、言うことを聞いてもらって路地に入っていった、これが事実ではないか」と問われ、「はい」と答えている。

▼そしてSさんの証言は消された

Sさんは警察での事情聴取において、車から小路に入る角まで一五メートルくらい、犯行現場まで二〇メートルくらいと目測で証言した。その後同行した現場検証で実測したところ、それぞれ一四・八メートル、一九・二メートルという数が出され、その正確さに警察官も驚いたという。そして弁護人との間で、つぎのようなやり取りがあった。

弁護人「そうすると証人の目撃証言は、言っていることと内容がきちんと合っていると」

証人「そうです」

弁護人「目撃状況がおかしいということで、問い合わせなり再確認はなかったのですか」

証人「ありません。その後は警察から一度も何も言ってきません」

弁護人「ないんですか」

証人「ええ。ひと言いいですか。調書を取った検事さんが言ったのですが、普通、七〇歳を過ぎた証人は採用しないらしいのです。七〇を過ぎると記憶力が衰えるので、普通、裁判所は証人として採用しない場合がある。ところがお宅〔証人〕の言っていることはまったく正確なので、採用することに決まった、と検事さんが言うんです」

弁護人「それは五月二三日の検察庁の調書ですね。しかし五月二三日には被告人の自白調書がたくさん取られ、もうあなたの目撃証言とは似ても似つかないものになっていた。それに対する説明は何もなかった」

証人「受けていません」

弁護人「じゃあ、何も知らなかったの」

証人「私の言っていることとまったく違っていたということは、一切知りませんでした、今まで」

こうして、警察、検察によってSさんの目撃証言は斥けられた。なぜ採用しなかったかについて、取調べ官の証言をつぎに示したい。

▼取調べ官はどう証言したか

最初に、取調べに当たって事前にどの程度の情報を入れておくか、という点に触れた、戸田警部補と弁護人のやりとりを引いておきたい。

弁護人「どこをどの程度の深さで刺されたかということについての情報は、まったく入っていなかったのですか」

証人「入っていません。ただ、刺されたのは腹と背中だということだけは聞いています」

弁護人「背中の傷がどの程度だったかということも聞いていなかったのですか」

証人「弁護士さんね、私も調べ官をやっていますので、刺された部位の関係は聞いていますが、細かいことは知らない方がいい。犯人から聞くのが一番いいわけです。分かりますか」

弁護人「ただ……」

証人「犯人から聞いたほうが、秘密の暴露的に犯人しか知りえないことがわかるわけです。だから今弁護士さんが聞いた、何ミリ入ってどういう傷で、ということは部位だけ知っておけばいいことです」

弁護人「しかし傷についての客観的資料がすでに警察内部にあり、それについての意見書も書かれている。それでもなお、自分はそれを見ていない、だから秘密の暴露だというのですか」

証人「私は今までそうやって、調べをやってきましたから」
弁護人「警察の内部にそういう資料があっても」
証人「他の皆さんは見るかもしれませんが、私は見ないほうがいい。犯人から聞いた後で見る、そのほうがたしかだと思います」

（第一七回公判）

事前情報が予断になることを避けたいとするのは、それはそれでひとつのあり方だろうとは思う。しかし、事前情報が存在していたにもかかわらず、それを知らずに同じ供述を引き出した、だからそれは犯人にしか知りえない「秘密の暴露」だというのは解せない論理である。タクシー運転手の証言についても、そういう目撃者がいたことは知っていたが、供述の細かい内容までは知らない、従って証言事実の「食い違い」については被疑者にも聞いていない、と述べた後のやり取り。

弁護人「取調べをするときに、目撃者がいて、その人がどう言っているかをまったく無視して被告の供述を取るのですか」
証人「いや、被告人の言っていることを書いているわけですから」
弁護人「ちょっといいですか」
証人「いや、弁護士さんの言っていることをいま説明するのですが、運転手さんは別の人が調書を取っています。その位置がこれで（図面を指しながら）、私がとったのがこれです。Kさん（マンションの住人）が悲鳴を聞いたというのは外での事であって、（運転手、マンション住居者、被疑者の）その三つの証言を合わせること自体がおかしいんじゃないですか。だから運転手さんがこの位置だと言った。私は被告の言ったとおりこの位置だとした。それがなぜ違うかと私に言われても、被告人が言ったことですから」
弁護人「前回、被告の供述に不合理な点があったら、問い直したり修正したりすると言いましたね」
証人「それはします」
弁護人「客観的な第三者の見た証言は、その判断材料にならないのですか」
証人「今、言っているとおり」
弁護人「なるのですか、ならないのですか」
証人「弁護士さん、タクシーの運転手はこのように供述しているけれども、見ているのが車の中からの目撃だから、位置自体が違っているかもしれませんよ」
弁護人「そう証人は思ったのですか」
証人「と思いますけどね。私はタクシーの運転手を調べていませんから」
（現場再現書では訂正されているという点に触れた後）
弁護人「目撃証言と被告人の話の内容が食い違っている場合、それをチェックしなかったかと聞いているのです」
証人「してると思いますよ」
弁護人「さっき、しなかったと言ったじゃないですか」
証人「だから具体的なところで、事件についての不合理な点があれば、それは追及します」
弁護人「路地に入る位置関係は、不合理な点じゃないですか」
証人「だけど被告人はあくまでもそこだと言う。そう供述しているから、だったらタクシーの方は、運転手さんの勘違いじゃないかと私は思いました」

（第一八回公判）

他にも、タクシーが走行中だったのではないか、という証言についても同様に問われているのだが、省略したい。

▼取調べ検察官はどう証言したか

つぎは取調べ検察官の証言について。このときの応酬は、四八回の裁判の中でももっとも緊迫したもののひとつだった。以下、やや長くなるが、できるだけはしょらずに再現してみたい。

まず証人として座った萩原検事（仮名）は、背中の第一撃に明確な「殺意」を認めた。

弁護人「つぎに背中に傷について聞きますが、最初に殺意を持って背中を刺した、と調書ではなっています」

証人「背中を刺す前に殺意が形成されたということです」

弁護人「背中を刺すときには殺意があったということですね」

証人「そうです」（略）

弁護人「（死亡確認の調書を示し）三枚目に受け持ち医にH医師とあり、この所見は平成一三年四月三〇日一一時六分という記載があります」

証人「はい」

弁護人「一番最初に本件被害者の死体を見たのがH医師であり、その所見で背中の傷の深さが一センチと書かれています。このことと警察の、思い切り背中を刺したということとに矛盾は感じませんか」

証人「この段階で、臨床医の記載をどこまで重視するかはケース・バイ・ケースです。それは、臨床医の方は多くの場合、傷の深さとか形状とか角度を観察する方に専念するわけではなく、患者の救命に全力を注ぐわけですので、初期に作られた、傷に関する資料を全面的に正しいという前提で捜査はいたしません」

弁護人「しかし証人は、この最初の傷が殺意にもとづいて思い切り刺されたという警察の調書がありますから、どのくらいの強さだったかということには当然関心をもたれますよね」

証人「当然興味を持ちますが、その供述が正しいという前提では――これは誤っているという主旨ではございませんが――取調べを行うわけではございません」

弁護人「ただ、医師の所見がどうなのかということは、背中の傷が殺意にもとづいたものだという前提に立った場合、大変に重要なものになってくると思うのですが」

証人「そうは思いません」

弁護人「なぜですか」

証人「それが致命傷ではないからです」

弁護人「しかしそこで殺意を認定しているわけですよ」

証人「殺意というのは、一連の行為全体で評価すべきものだと思います」

弁護人「でもあなたの調書には、背中を刺したときに殺意があった、と明確に書いてあります」

証人「そうでございます。それは本人がそのように供述したのです。だからそれを忠実に採録したということに尽きます」

弁護人「それは本人が供述したことで、客観的であるかどうかとはまた別だということですか」

証人「殺意にもとづく行為が必ずしも相手に致命傷を与えて、相手を殺害するに至るわけではありません。殺人未遂という犯罪もあります」

弁護人「しかし、殺意という強い意志があれば、それが行為に現れると考えるのが自然なのではないですか」

証人「常にそうではありません」

弁護人「本件ではどうですか」

証人「本件についていては一連の行為に明確に現れています」

弁護人「背中を刺したという行為に現れていますか」

証人「そこに現れていることを、背中の傷だけで判断するのは適切ではないと思います」

弁護人「背中を刺すという行為に着目した場合はどうですか」

証人「行為というものを分断し、それだけを観察することは、私は適切ではないと思います」

弁護人「背中を刺したという行為は全体の一部だということですか」

証人「もちろんそうです」

率直に言って、証人がそうとうに苦慮しているという印象をもった。殺意をもって背中を刺した、としながら、それが取調検察官の調書には明確に記されていない。しかし証人は、殺意とは一連の行為のなかで図られるべきものだ、と一般論を述べるにとどまり、弁護人の前提それ自体を斥けたのである。

着衣と体の傷とのズレに関しても、格別の矛盾はない、と証人は明言した。それが致命傷ではないため、事件の殺意の認定を揺るがすものであれば記憶に残っているだろうが、そうではないために記憶にない、とした。そしてそのあとのやり取り。

弁護人「（別の調書を示し）ここには、刺したときの感触について質問すると、『そんなに奥まで入っていない感じ。ほんの少し入った感じ』と書いてあります。このことと、一回思い切り刺した、という先ほどの証言との矛盾は検討をしましたか」

証人「検討したかどうか、具体的な記憶がございません」

弁護人「この背中の傷に対して、包丁をどう刺したか。どのくらいの強さか。どういう角度かなどについて、あまり注意をして調べなかったということですか」

証人「いや、意識して調べているはずです。今明確な記憶がないのですが、ここは致命傷ではなかったと思います。殺害行為の取っかかりですので、被告人に十分な表現能力があればもっと具体的記述になったと思いますが、それが十分ではない点があります。いろいろ聞かないとならないことがある取調べで、時間の制約のなかでの作業ですので、私の検面調書は本人が言ったとおり、（背中を）一回刺したという供述だけを引き出し、それを録取したのです」

矛盾を正したはずだが、記憶にない。記憶にないのは致命傷ではないからであり、しかし致命傷でないからといって、殺意を揺るがすものではない。殺意は一連の行為のなかで図られるべきものだからだ。十分な記載がないのは本人の表現力のなさと時間的な制約があってのことである。これが証人のロジックだった。

被告の供述の具体性のなさも加わり結果的には、背中への第一撃の傷の形状、着衣との位置関係からは、殺意なしという認定を証明することの難しさを浮き彫りにすることとなったが、しかし、ここにはある矛盾があった。証人の応答の苦慮は、この矛盾ゆえに生じていた。この点については「殺して自分のものにする」という動機について触れた分で、再説する〔ここでは省略〕。

▼ふたつの証言の合理性

つぎはタクシー運転手のSさんの目撃証言について。信用性について疑問を感じたということは記憶しているが、具体的なことは覚えていないと証人は述べ、弁護人が調書を示してその食い違いを説明したあとのやり取り。

弁護人「先ほど、タクシー運転手の供述に疑問があると述べましたが、その根拠は何ですか」

証人「被告人の行動経路については、浅草駅から現場にいたる途中で信号待ちをしていた人の目撃供述があったと思います（Sさんとは別人）。そのことから経路は裏付けられます。また被害者も、地下鉄の浅草駅を降りてスポーツセンターに向かっています。そうしますと、行き過ぎてから引きずり戻すというような特段の行動であれば別として、被告人は路地の手前で被害者を見て、そして（進行方向先の）路地まで行って連れ込んだという供述をしています。被疑者と被害者の行動経路からすると、これは大変自然であり、被疑者の供述の信用性を疑わせるものはありませんでした。

タクシー運転手の方は、被疑者と被害者について、注目して行動を観察していたわけではありません。しかも反対車線から見ているわけで、その存在を認識していた程度だったと思います。そして運転手が注目したのは、被害者が殺害されたときからだったと思います。そうすると、人間の記憶は、その前段行動については誤差が生じても不思議ではないわけです。人間の供述ですので、記憶の正確性についてはパーフェクトではありませんので、運転手の供述には信用性に問題があると判断したということです」

男の供述は、行動経路から見て不自然ではないから信用性がある、タクシー運転手の殺害以前の記憶は曖昧であり信用性が置けない。おおむねそのような論理構成となっている。

二点ほど、気になる点を示しておきたいと思う。ひとつは、言問橋方面から戻ってきて路地に入った可能性は最初から捨てられているが、なぜ検討されなかったのかということである。もし検討されているのであれば、以下のような仮説が出てくる。

殺害現場となった路地の先には、もうつぎの路地はない。目の前はすでに言問橋西交差点である。仮に男がO・Mさんに接近した後、路地へ（あるいはその先の隅田公園へ）連れ込もうと最初から考えていたとすれば、どこで男が追いついたのかということが判断の重要な分岐点になるはずである（事実、二三回の公判で、隅田公園へ行くつもりだった、と男は証言している）。

証人の立論では交差点で追いついたという可能性は最初から消されているが、現場再現書の数字の不合理がここで再び浮上する。もう一度あげるなら、「被告がパンを捨てた場所」と「そのときO・Mさんがいた場所」から、つぎの「組み付いた場所」まで、図によれば被告人は四四メートル進んだことになっているが、O・Mさんは一八メートルしか進んでいない、という数字である。

もし再現書のこの数字が「再現」になっているのだとすれば、距離を詰めようとして急ぎ足で男は進み、そしてO・Mさんが言問橋西交差点に来て信号待ちを余儀なくされたとき、そこに男が追いついた。その可能性が高く出てくる。交差点で追いついたのだとすれば、路地に連れ込むためには戻らなくてはならない。現場再現書に立つならば、これは有力な仮説可能性であるが、なぜかこのことは最初から捨てられている。

もうひとつはタクシー運転手Sさんの証言について。

Sさんは「センターラインに寄って車を停めていたら、背後から来た人間は見えるわけがない」と述べている。これは人間の視野の可動範囲から見て、きわめて妥当性の高い見解である。証人が述べる、犯行以前の注意は曖昧であった、とはひとつの仮説であるが、その仮説よりもはるかに客観性合理性をもつ。ズボンが汚れていた、傘はひとつであった、首に手を回していたなど、記憶の不確かさとして斥けるには細かな点に供述が及んでいることが、このことを裏付けている。しかし萩原証人はこの点には言及せず、あくまでも「観察の主観的条件の差異」を述べるにとどまっている。弁護人もこの点を問い質した。

弁護人「（Sさんの供述は）路地からキャーという声が聞こえた。つまり歩道上では声は聞いていませんね」

証人「申し上げているのは、そのときには二人の様子を注意してよく見ていたわけではなかった、となっています。それからキャーという悲鳴が聞こえました。その悲鳴は明らかに何か異変が起こったという悲鳴で、すぐに運転席の手動式の窓を全開にし、その方向を見ました。こうなっています。ここに観察の主観的条件の差異があると判断したわけであります」

弁護人「証人は今とばしましたが、車道側を歩く男の服装が真冬に着る厚ぼったい格好で、それが目立ちましたと書いています。これは異様な格好です。特殊な格好で目立つものだと指摘しているわけですから、まったくぼんやりしていたわけではないと思うのですが」

証人「だから、ぼんやり見ていたわけであります。ぼんやり見ていたけれども、印象に残るような特異な服装だった、そういうことだと判断しました」

ぼんやりしていたか、いなかったか。ぼんやりしていなかったから「特異な格好」を目にすることができたのか。「特異な格好」であったから、ぼんやりしていても目に入ったのか。S氏本人は、ぼんやりしていない、よく見ていたと述べた。

目撃証言を採用する権限をもつのは取調べ検察官であり、その検察官は、ここには「観察の主観的条件の差異」があり、ぼんやりしていただろう可能性が高い、そのように判断し、Sさんの証言を斥けた。たしかに緊急時の記憶の再現に対する判断である。そこには独特なものがあるだろう。しかし、どうしても釈然としないものが残ることは否めない。

▼記憶と供述

萩原証人は、供述のもつ特性についてつぎのようにも述べていた。

「人間の供述というのは、トータルにおいて、この人の供述はすべて信用でき、この人のものは信用できないというものではないと思います。例えば、目撃供述の内容で、対象者（被疑者）の出した言葉は正確に覚えているけれども、その行動については不正確な場合もあります。また言葉も行動も正確に覚えているけれども、位置関係においては必ずしも正確ではないという場合もあろうかと思います。人間のする供述ですので、目撃の正確性、記憶の正確性のそれぞれについて、固有に信用できる点もあればできない点もあるのだと思います」

「（悲鳴に関する証言も）ミクロに分析していって、直ちに供述の信用性を判断できるものではないと思います。Kさん（マンションの住居人）の証言でも、とっさの体験に関する供述ですので、それをあたかもビデオカメラで撮影して、そのまま忠実に再現したかのような前提で判断されることに、私は不適切な点があると思います」

たしかに聞くべき点はある。言ったことは覚えているが、やったことに対しては不正確な場合もある、その逆もある、ビデオカメラを再現するようなわけには行かない、それが人間の緊急時の記憶である。この見解はそれなりに妥当である。証人がこれまで、多くの凶悪犯の取調べに当たってきた、という経験の蓄積からくる判断もそこには加わっているだろう。

しかし私がここで書きとめておきたいことは、以下のことだ。「観察の主観的条件の差異」という言葉のもつ威力である。極論すれば、それはどのような目撃証言もそのひと言で斥けられうる、そのような言葉だ。

あなたのその目撃証言は、一連の状況から考えて、ぼんやりしていたときに見ていた記憶である、観察の主観的条件が異なっている、そのように判断した、そう告げられたなら、そこで終わりである。そんなことはない、よく見ていたといくら反論しても、同じ答えがくり返されるだけである。

この章の最初で触れた解剖医の「救命医とは視点が違う」も、そして検察官の「観察の主観的条件の差異」も、それが立論の前提となっていると差し出されたとき、その前提自体を切り崩さなければ、それ以上の議論ができなくなる。そのような言葉である。しかし、それは不可能である。当人がそれを撤回しないかぎり前提の切り崩しはできない。つまりこの言葉は、そこで弁護側の反証が行き止まりとならざるをえないロジックであり、「問答無用」を内包したロジックなのである。

言い換えるならば、そこから先の判断は絶対的第三者にしかできず、法廷における絶対的第三者、つまりは絶対的判断を行なうのはいうまでもなく裁判長である。すでに述べたように、「自閉的傾向」という言葉も同様であった。

（初出『自閉症裁判』［第十一章］裁判（四）消された目撃証言——より、抜粋しながら再録した）

2 刑罰か療育か、少年の裁判がはらんだジレンマ

——二〇〇五年大阪・寝屋川、一七歳少年の小学校教師殺傷事件

§1 刑罰か治療か、それとも

二〇〇六年一一月一九日、大阪・池田小学校事件以来という学校を舞台にした殺傷事件の判決公判が、大阪地裁で開かれた。犯行の場所は大阪府寝屋川市立中央小学校、犯人となったのは一七歳の少年で、一人の男性教員を刺殺し、二人の女性教職員に重傷を負わせるという被害の甚大な事件だった。

少年は家裁の審判前と公判中の精神鑑定において、広汎性発達障害と診断されていた。広汎性発達障害は〝特定不能型の自閉症〟とも呼ばれ、アスペルガー症候群とともに、知的な遅れを伴わない自閉症圏の障害である。対人関係や社会性、コミュニケーション能力に発達の遅れをもち、昨今の少年事件の際に多く耳にするようになった。

公判は一一回開かれており、弁護側は広汎性発達障害を前面に打ち出し、障害に対する療育以外、更生も贖罪もない、再犯防止にもなり得ない、と少年院への移送を求めていた。一方の検察側は、被害が甚大を極めていること、学校の安全を脅かした事件で社会的影響が重大であること、被害者の処罰感情が峻烈であることなどから、治療の前に刑罰に服すべきだ、と無期懲役（少年法では最高刑）を求刑していた。

判決公判の開廷は午前一〇時半。一〇時ごろになると三〇枚ほどの傍聴券を求め、二〇〇人にもなろうかという傍聴希望者と報道関係者が集まっていた。「刑罰か治療か」という、一見分かりやすい構図のもと、多くの人びとの関心が注がれていたが、〇一年の少年法改正以後、少年審判が抱え込んでしまったジレンマをこの裁判ははっきりと示していた。

▼突然の来校者

事件が起きたのは、二〇〇五年二月一四日の午後三時過ぎだった。

その一時間前、小学校正門のインターホンが鳴り、対応に出た職員に「卒業生の〇〇と申しますが、S先生はいらっしゃいますか」と尋ねる男の声があった。「今日は会えないと思う」と答えると、そのまま引き上げていった（「S先生」とは在学当時の担任である）。いったんはあきらめたかに見えた少年は、道路を隔てたうどん店に入った。少年は食事を待つ間、バッグを持ってトイレに入り、中に入れていた包丁を取り出し、突き刺す練習をしたと法廷で証言した。食事を終え、本を読んで時間を潰し、店を出たのは三時少し前。その間、注文以外には一言も言葉を発しなかった、と店の女性店員が証言している。

その後、再び学校を訪ねていくのだが、この日の朝のことを次のように述べていた。

午前中、部屋でうたた寝をしていると、突然、価値観が全て壊れ物事の解釈が崩れていくような気分に襲われた（少年は「うつろな気分」と言った）。それがしばらく続く中、Aという女性のことを考え始めた。Aのホームページにアクセスしてみると、恋人と楽しそうに毎日を過ごす様子がブログに綴られていて、自分とはまったく違う世界に生きている、と強く思い知らされた。

「S先生、刺す」という言葉が浮かんできたのは、姉からもらったバレンタインチョコを食べているときだった。次に「刺す、包丁」、「包丁、Kホームセンター」と連想が続き、その言葉が頭から離れなくなった。それから言葉に引きずられるままに外出の準備をし、自宅を出たのは午後一時過ぎ。母親は不在で、父親は、とくに変わった様子は見られなかったと証言している。家を出ると銀行に向かい、預金していた九〇〇〇円を引き出し、バスに乗り、一五分ほど先のホームセンターに行った。そこで包丁を買い求めた。再びバスで寝屋川市駅に戻ると、徒歩で学校に向かった。

▼不意の凶行

うどん屋を出た後、少年は施錠されていない南門から学校内に入った。このとき、児童六〇〇名中約三二〇名、教職員五三名が在校していた。ただ、校長も教頭も不在だった。

少年が職員室を探して廊下を歩いていると、一人の男性教師に「どこへ行くのですか」と呼び止められた。この男性教師が最初の被害者となるK教諭である。少年が「職員室に行く」と答えると、「ではこちらへ来てください」と言ってK教諭が歩き始めたとき、少年は刺身包丁を取り出して、突然、背後から突き刺した。

このときのことを少年は「職員室ではなく下足室の方向に連れて行かれた、不審な目で見られたような気がした」と供述している。K教諭は致命傷を負いながらも、一度は校庭に逃れた。そして養護学級職員室にいた教諭に窓越しに手を振って非常事態を知らせ、「不法侵入や！」と伝えたところで倒れた。

少年はそのまま階段を上がり、職員室に入った。このとき職員室には三名の職員が在室していた。少年は入り口のそばにいたF栄養士に近づき、無言のまま刺した。F栄養士は「入り口付近に人の気配がするので顔を向けると、若い男が立っていた。怖い目をしていたが、包丁には気がつかなかった。

つぎの瞬間、歩み寄ってきて、血の付いた包丁が見えた。右の脇腹に、ドンという大きな衝撃が走った」と証言している。F栄養士はもう一人室内にいた教諭に支えられながら、東側の出入り口から逃げた。

少年はそれから一年担任のT教諭に近づいて行った。T教諭が顔を上げると、若い男が立っている。「どうしたの?」と尋ねたときにはすでに刺されていたが、その記憶はないと言う。教諭は、刺激さえしなければ外にまで追いかけてくることはないだろう、と思いながら職員室を出た。職員玄関にたどり着いたところで、怪我に気づいた。どうやってほかの教師に連絡しようかと考えていると、保健室から会話が聞こえてきた。そのとき下腹部が激しい痛みに襲われ始めたという。

三時二〇分ごろには救急車が到着し、すぐに搬送されたが、K教諭の意識はもはや戻らず、救命センターで死亡が確認された。出血が全体の四〇パーセントにも及んでいた。F栄養士の傷の深さも二〇センチに達し、位置が数ミリずれていたら間違いなく命を落としていただろうという。T教諭の傷も、三〇分搬送が遅れたら命にかかわっていたというほど危険なものだった。

寝屋川警察署員の到着は三時二〇分過ぎ。「刃物を棄てんか!」と一喝されると、少年は血の付いた包丁をあっさりと棄て、署員によって取り押さえられた。

事件後、保護者は学校には入れず、わが子の安否確認に手間取った。子どもたちは恐怖の中、寒空の校庭に一時間以上も避難させられたままになっていた。校内を回って子どもたちの安全確認をしたり、翌日休校の緊急連絡を回したりしたのはPTAの役員だった。教員たちは激しい混乱に陥り、校長と教頭の不在もあって学校の指揮系統はまったく機能しなかったという。

——以上が、事件当日のおおよそのあらましである。

▼初公判から

逮捕後、次のような流れで審判が進められた。

○五年三月三日、大阪地検、簡易鑑定を実施。翌四日には本鑑定実施のため鑑定留置を求め、大阪地裁が認める。

六月一五日、「刑事処分相当」の意見をつけ、大阪家裁に送致。

六月三〇日、第一回審判。

八月四日、第四回審判で家裁が検察官送致（いわゆる逆送――地検から家裁に送られた事案が、再び地検に差し戻されること。○○年の改正少年法で、一六歳以上の少年が故意の犯罪行為により被害者を死亡させた事件は、検察官送致を原則とした）を決定。

八月八日、大阪地検が殺人及び殺人未遂容疑で起訴。

九月二九日、大阪地裁で初公判が開かれる。

公開の裁判となったことで、次の事実が明らかになっている。まずは前述したように、少年は起訴前の鑑定で広汎性発達障害の診断を受けていた。家裁における審判では、この点の判断が最大の争点となったという。鑑別所技官、家裁調査官、鑑定医が揃って「保護処分が相当」という意見だったが、家裁がそれを翻すようなかたちで検察官送致という判断を示した。

公判において弁護側は、「家裁判断は違法」と強く訴えた。検察官による殺意の認定、「学校に恨みを持っての凶行」という動機、完全責任能力ありとしたことについてなど、全面的に争う構えを見せた。以後、公判は殺意、動機、責任能力、処遇を大きな争点として進んでいく。

▼中学校入学までの少年の歩み

一九八八年二月三日、少年は寝屋川市で生まれた。二九七四グラムの、やや小さめの男の子だった。父親は会社員、母親は専業主婦。四人姉弟の四番目だった。四番目で初めての男の子だということで、両親や姉たち、親族に可愛がられた。

九四年、小学校入学。二年生のときがもっとも辛かった。「おかま」というあだ名をつけられ、集団で「おかま」とバカにされたり叩かれたりした。教室の後ろでズボンを脱がされたこともあった。担任教師に訴えたが、取り合ってくれなかった。三年生でクラス替えがあり、いじめも収まりかけるが、四年生のクラス替えで再び欠席日数が増えた。

担任となったS教諭に少年は不満を抱いていたが、教諭は家庭訪問をするなどの対応をしており、母親も「いい先生だった」と述べている。六年生の頃から、被害妄想的なこだわりが目に付き始める。全員にドッジボールが配られたとき、自分のボールはカッターで傷つけられていた。みんなが自分を憐れんでいる、のけ者にして楽しんでいる、と感じていた。夜、寝ていると外の物音が気になり、夜中に起き出しては外の様子をのぞき見ていた。

中学校入学。一年の前半は楽しく通っていたが、二年のクラス替えの後に孤立していった。七月、期末試験の前から不登校が始まり、それ以後、一度も登校しなかった。引きこもった生活の中、一二月頃からインターネットの2チャンネルにはまり込んで行く。衝撃的だったのは、〝裏社会〟の存在を知ったことだった。

掲示板に、ある宗教団体や公安警察が裏社会でこんなに暗躍をしている、金持ちや権力者が人を殺すのを見て喜ぶショーがある、などと書き込まれていた。そのことを自分は知ってしまったから、つかまって拷問され、殺されるのではないかと怖くてならなかった。中学三年になると死体、殺人、犯罪といったダークサイトへと関心が向けられ、一時期、神戸児童連続殺人の酒鬼薔薇少年に強い関心をもち、事件現場を訪ねたこともあった。

被害妄想的な恐怖心がさらに強くなり、自宅裏の神社が不良の溜まり場になっていて、自分のほうに関心が向かないよう窓から様子をうかがったり、夜は声をひそめるようにしていた。お年玉を狙ってカツアゲされ、次から次へとお金をせびり取られてしまうのではないか。姉たちがレイプされるのではないか。そう考えると怖くて、蒲団をかぶって怯えていたこともあった。

▼再チャレンジの始まり

○三年、高校は通信制のＮＨＫ学園に入学した。最初のスクーリングで自己紹介を人から笑われ、三回通っただけで通うのを辞め、自力で勉強をすることにした。九月には大学検定試験を合格。それを機にＮＨＫ学園を退学した。

何か新しいことにチャレンジしたいと考えていたが、身長が低いこと、眼鏡をかけていること、歯が出ていることなど、容貌へのコンプレックスが強く、積極的にはなれなかった。歯医者に通い、歯列を矯正した。眼鏡を止め、コンタクトレンズに代えた。服装も気にかけるようになった。

この頃から、警察官をボウガン（bow〈弓〉とgun〈銃〉を合わせた和製英語）で撃ってピストルを奪い、ピストル乱射をして自分をいじめた友人たちを殺してしまう、といった〝妄想〟をもつようになった。無差別大量殺人をし、そのあと自殺しようと考えた。百円ショップで包丁を買い、刃物には血が付いていた方が凄みが出るだろう、と鼻血をつけたこともあった。

○四年二月、頭髪が薄くなってきたことが気になり、皮膚科を受診したが、異常なしという診断だった。三月に入って精神医療センターを紹介され、月二回、思春期外来への通院が始まった。主治医から、アスペルガーの疑いがあると告げられ、ショックを受けたが、医師には何でも話すことができた。グロテスクな加害空想は通院を機に少しずつ治まっていった。

通院が始まって以降、少年は活動的になり、行動範囲も広がっていった。三月下旬、バイクの免許を取るために教習所に入所する。四月、スーパーへアルバイトの申し込みをし、採用となる。五月、予備校に通い始めた。とにかく友だちと呼べる存在が欲しかった。

病院で何人かの人と知り合い、京都の鴨川までドライブに行ったり、ライブハウスに足を運んだり、難波や京都の繁華街に出かけるようになった。一方、アメリカ村を歩いているとき、交番に入って「革命を起こしに来ました。宅間より人を殺せます」などと奇妙な言動に出て、警察官につまみ出されたこともある。

七月には念願の自動二輪免許を取得し、バイクを買ってもらった。しかし八月二日、最初の運転で事故を起こしてしまう。左足を複雑骨折し、入院。退院が九月二八日だったから、二カ月近い期間を病院で過ごした。退院後、リハビリの傍ら、一〇月からはエレキギターを習い始め、再び予備校に通い、一一月には大学受験を決意していた。

▼ある女性への想いと両親

前後するが、〇四年の四月、病院で診察を待っているとき、一人の女性に「友だちになってくれませんか」と話しかけられた。Aといい、年上で、やはり通院している女性だった。少年は有頂天になった。買い物に付き合ってもらい、それから映画に行った。映画館で「手をつなぎませんか」と紙に書いて手渡すと、承諾してもらえた。女性と手をつなぐのは初めてだった。

六月、Ａと再び映画に行った。映画を観たあと交際を申し込むと、別の男性と付き合っていると言われた。七月、誕生日に帽子をプレゼントし、もう一度、付き合ってもらえないかと伝えてみた。一度は承諾してもらい、メールアドレスの交換をしたが、三時間後にメールが入り、やはり考えさせて欲しいと言われた。そして三日後、はっきりと断りの返事が届いた。さらに二度ほど申し込みを入れたが、やはり断られた。しかしＡへの思いは捨てることができなかった（このＡが、事件当日に少年が思い浮かべた女性であった）。

一一月二七日のことだった。Ａに勧められていた通り、母親に「いま、被害妄想や恐怖感、不安が再発していて苦しい」と打ち明けた。すぐに涙が出てあまり話せなかったが、それでも母親は、頭を撫でながら抱きしめてくれた。

翌々日、母親と父親に二回目の話をした。「小学生の頃、いじめられていてずっと辛かった。そのため友だちをうまく作れない。人間関係に恐怖感をもっている。被害妄想がしんどい」「誰でもいいから、殺せるだけ殺して、自殺しようと思っていたが、できなかった」。そんな内容だった。泣きながら話していた。母親も泣いていた。自分の知らないところで苦しんでいたのだと、母親は抱きしめながら何度も詫びた。「不安になる必要なんてない。優しい子に育ってくれてうれしい。一生守ってあげるから、安心していい」。母親はそんなことを答えた。

その日、少年の日記には次のようなことが書かれていた。

「ただ単純に、親が言ってくれたことが、すごく嬉しかった。心の底から本音を出せたこと、話をちゃんと聞いてくれたこと、自分をすごく大切に思っていてくれていること、すべてがありがたかった。自分は両親のことが大好きだ。これから辛いことがあったら、隠さず、本音で親と話をしようと思う」

年が明けた二月一日、再び「うつろな気分」になり、両親に相談した。三日は通院の日だったが、主治医が都合で欠勤していて、他の医師に薬をもらっただけで帰ってきた。七日、一一日と、やはり「うつろな気分」になった。両親に話したかったが、機会がつかめず、一三日、明日こそ話そうと少年は考えていた。事件が起きたのはその翌日だった。

▼判決、そして控訴

開廷の後、裁判長が判決文を読み始めた。

「主文、被告人を懲役12年に処する。未決勾留日数460日をその刑に算入する」

以下、判決は次のような内容だった。広汎性発達障害のために、幼少期からいじめなどによる被害念慮を募らせ、担任教諭に否定的感情を抱いていたこと、「S先生、刺す」といった着想はそこから生じ、発達障害に特有の物事に固執する点が強く認められることなど、犯行の背景に障害の影響があることが認定されていた。

「学校や教師への怨恨」と検察が描いた動機は斥けられた。一方、ホームセンターでは最も高価な包丁を選んでいること、食堂において事前に刺突行為をしていること、背中や腹部といった身体の重要部分を刺していることなどから、「二人に対する明確な殺意を有していた」とした。また行動統御能力の減退は見られるが、意識障害はなく、規範意識も有しており、心神耗弱とまでは認められないと述べた。

そして、改正少年法以後、少年刑務所において個別処遇ができる体制を整えつつあり、「犯行の悪質性と結果の重大性を考えると、もはや保護処分の域を超え、刑事処分によるべき」であり、家庭裁判所の判断に違法性はない、とした。

しかし量刑の理由については、被告人の精神的未熟さ、広汎性発達障害に由来する特異な精神状態、両親や主治医に相談しようとしていたことなど、成人や定型発達者と同視できない事情も認められ、検察官が主張するように無期懲役に処することはできないとした。そして裁判官は、最後に異例ともいうべき「処遇に関する意見」を付け加えた。広汎性発達障害は治療に専門性を有するため、刑務所内での処遇に対しては専門のプログラムをもつ法務教官を配置した上で、個別処遇計画を実施することが必要である、と障害への配慮を求め、次のように述べた。

「刑罰は行為に対する責任を基本として科せられるところであるが、犯罪を犯した一人の少年を真の意味で更生させ、再犯を起こさせないようにすることもまた、刑罰の重要な目的である」「そして被告人が、本件犯行の重大さと、被害者及び遺族に与えた苦しみの深さを心の底から感じられるようになることを、強く希望する」

「刑罰か治療か」ではなく、「刑罰も治療も」という苦慮の判決だった、とひとまずは言える。しかし公判終了後、遺族・被害者から「懲役12年という結果はわたしたちや学校に与えた被害、社会に与えた影響に十分見合うものとは思えません」というコメントが出され、検察側はその日のうちに控訴の方針を示した。

また弁護側も「少年刑務所で本当に処遇ができるのか。裁判所の〝処遇意見〟はできないと分かっていながら述べたものであり、とても認められるものではない」と語った。そして検察側の控訴を受け、弁護側も控訴に踏み切った。

この両者控訴という事態に、本判決の置かれたジレンマがよく現われている、とわたしには思われた。

▼「被害者への配慮」と「社会的な許容」

おりしも〇六年一二月二日の朝日新聞朝刊に、東京都板橋での、少年による両親殺害の判決記事があり、次のように書かれていた。「少年にとって単に保護処分が有効だというだけで、選択肢から刑務所をはずすことはできない。保護処分が『社会的に許容されること』が必要だ——ここが今回の判決でもっとも注目される部分だ」と。しかし看過してならないことは、記事で、現今の少年刑務所がどこまで更生にとって十分な場所なのか、疑問視されていたことである。

〇一年に施行された改正少年法は、殺人などの重大事犯を原則逆送とし、それが可能な年齢を一四歳に引き下げた。そして〝被害者への配慮〟を改正のもう一つの柱とした。被害者と遺族の救済ははたされて当然であり、遅きに失したくらいである。ただしここにはジレンマが生じる。

逆送されて成人同様の公開の裁判となったとき、「被害者への配慮」と「社会的な許容」という動向のなか、ますます保護処分という選択が採りにくくなるだろうことは、容易に予想される（〇六年一〇月二六日、奈良の一六歳少年による放火殺人では保護処分となったが、これはこの時期の家裁の判断としては異例だった）。

被害が甚大であればあるほど、加害少年は内外ともに複雑な事情を有し、精神的混乱も大きい。今回の寝屋川事件の判決に見られるように、裁判所は、更生にとって条件整備の整わない場所へ（自閉症圏のハンディを持つ少年にとってはとくにそうである）、それと知りつつ送り込まなくてはならないというジレンマを、今後、ますます抱え込むことになる。そして間違いなく、一〇年、一五年ののち、彼らは社会に復帰してくる。刑事施設が現状のままならば、〝社会の安全のため〟としてなされている〝厳罰化〟が、逆に将来のリスク要因を増大させるとも言えるのである。

ではどうすべきなのか。保護処分が本当に「社会的に許容」されない選択であるのかどうか。もし許容できないと社会が選択するのであれば、現実的処方としては、少年刑務所における処遇体制の充実が次の選択肢になる。

ただし少年刑務所において更生教育を充実させるためには、多大な人的労力と経済的コストを必要とする。それは当然、わたしたちの税金で負担される。そのことも「社会的に許容」されなくてはならない。つまり〝厳罰化〟の方向とは、安全のために経済的な負担に耐えるか、それを避けたいなら将来の不安要因の増大に耐えるか、どちらかを選択することを意味している（少年院には人的資源もノウハウの蓄積もある。発達障害に対しても一部では新たな取り組みも始まっている）。

このように書くと、とにかく保護処分を、という訴えと受け取られるかもしれないが、そうではない。「刑罰か保護処分か」という従来の発想では、もはや立ち行かなくなった事態が訪れていることをまずは確認したかった次第である。その亀裂を、寝屋川事件の判決と、それに対する両者控訴という事態がよく示していた。

少年は間もなく一九歳になる。控訴審の日程はまだ決まっていない（その裁判と判決内容については§2で述べる）。

（原題）「刑罰か治療か、それとも　17歳の学校襲撃事件から考える」（二〇〇七年『世界』、岩波書店、二月号）を改稿

§2 「発達障害と刑事責任能力」という難問
——控訴審判決への批判的考察

＊本稿は、『裁かれた罪　裁けなかった「こころ」　十七歳の自閉症裁判』（岩波書店）の文庫化の際に付された「岩波現代文庫版あとがき」を改稿したものである。同著は、二〇〇五年二月に、大阪府寝屋川市立中央小学校で起きた、教師殺傷事件をまとめたルポルタージュであり、文庫化にあたって、『十七歳の自閉症裁判　寝屋川事件の遺したもの』とタイトルが改められた。現在、少年の刑事施設については制度や処遇内容が大きく様変わりをしているが、第二章含め、本書では当時のままとした。

▼本書の執筆にあたって

事件が発生したのは、一四日の午後三時過ぎ。当時一七歳の卒業生がまだ授業中の小学校に押し入り、応対に出た男性教員を刺殺した。そののち職員室に向かい、在室していた二名の女子教職員にまでも重傷を負わせるという、痛ましくも被害の甚大な事件だった。

加害少年はその後の精神鑑定において広汎性発達障害という診断を受けており、この事件を執筆するにあたって、課題としなくてはならないいくつかのことがあった。

一つは、二〇〇〇年に改正され、事件当時の〇五年にはさらに再改正の審議が始まっていた少年法の問題だった。二〇〇〇年の改正の際には、殺人などの重大事件が原則逆送（検察官送致）となるなど、「厳罰化」の方向に進んでいるように見えたが、この新しい法律は、少年審判の抱えるジレンマをさらに大きくすることになると思えた。
二つ目はすでに書いたように、少年が広汎性発達障害の診断を受けていた点についてである。まずはこの障害がどのようなものであるか、行動や心理、思考にどんな特徴があるか、裁判所や検察官はできるかぎりの理解をとどかせ、そのうえで審理していただきたい、というのがわたしの最大の願いだった。

ここはよく、誤解を受けるところである。「動機不明の変わった事件が起きると、なんでも発達障害と診断しようとする」とか、「病気だと主張すればいいものではない」といった発言をときに眼にするが、わたしは「障害」を取り出して免責を主張し、それで事足れり、という訴えをしているわけではない。事態はさほど単純ではない。

発達障害の丁寧な理解に立った裁きがなぜ大事かと言えば、誤った理解は誤った法律判断を招くだろうし、次の、処遇をどう考えるかという課題にも同じ問題は直結する。

本書を取材していた当時の少年刑務所にあっては、設立の目的も、施設規模も職員構成も、処遇の内容も、発達障害をもつ少年に配慮がなされていることを示す情報は、一つとして入手できなかった。治療処遇やそのスキルが整備されていない環境に長期間置かれるということは、原則逆送の制度は、逆に再犯のリスクを高めることにつながりかねないのではないか。それが、本書での最大の問いかけだった。

二〇年後、あるいは三〇年後、彼らは必ず社会復帰してくる。その時、どのようにわたしたちは迎えようとしているのか。社会の安全をいうならば、更生をどう考えるかという課題こそが大事なはずである。しかし、少年院にしろ少年刑務所にしろ、処遇環境や再犯率といった内部情報の公開があまりに少なすぎたし、当時のメディアもほとんど関心をもつことはなかった。

裁判員制度の始まりとともに、処遇のあり方や、出所後の更生に対する関心が一気に高まりを見せていたが、まさに我が意を得たりであった。

▼広汎性発達障害と責任能力

もう一つの重要な課題は「責任能力」の問題である。「責任能力」一般についてもそうではあるが、「広汎性発達障害と責任能力」というテーマの難しさである。

鑑定にあたった武田雅俊医師（大阪大学）と十一元三医師（京都大学）が、広汎性発達障害においては、従来の責任能力の認定方法とは全く異なる次元での評価方法を確立させる必要がある、と明言したことに対し、わたしは深く同意した。広汎性発達障害が広く認知されるにつれてこの問題も顕在化する、というのが本書での問題提起だった。十一医師が裁判でどのように述べていたか、次に本書より重要と思われるところを引用したい。

《従来の解釈にあてはめて考えてしまえば、〔この少年は〕心神耗弱には当らない。しかし障害の影響は無視できない。ではどうするか――それが十一証人の、証言の趣旨だった。検察官は、従来の解釈による心神耗弱には当たらない、という証言を引き出したことで、ひとまずはこの質問をひと区切りとした。しかし弁護人は、ここに留まるわけにはいかなかった。

〝対人相互性の発達年齢〟という観点

弁護人は〝対人相互性の発達年齢〟という観点を取り、そこに立つ限りは低い年齢にとどまっているのだとは考えられないか、と尋ねた。知的な発達段階が大きな遅れを見せるとき、当然、刑事責任能力も限定されることになる。そこで取られているロジックを対人相互性にも用いようとしたのが、ここでの問いの意図である。

それに対して証人は、今、研究者の間でも、〝遅れ〟と捉えるのか〝質的な違い〟と捉えるのか、議論が分かれている、と述べ、先ほど言ったような、自閉性の障害であれば明らかに遅れと考えてよいが、と指摘するに留まった。

弁護人はさらに食い下がった。

――（弁護人）知的には発達しているが社会的意味付けが十分できない、ということであれば、発達できていない部分に着目し、それは能力の一つの遅れだという視点もありえるのではないか。

証人 心神耗弱を考える上で、一つは精神症状の関与、もう一つはアルコールなどの関与による意識状態の問題、そしてもう一つ低年齢であるというファクターはありえます。ただし子どもと今回のケースとを短絡しにくいのは、子どもが七歳とか八歳という場合、知的能力の発達も不十分ですし、感情的なものも十分に社会化されていませんし、意識の整合性という点でも難しいものがあると思います。この少年の場合には、社会的相互性に関しては遅れがあると言っていいのかもしれませんが、難しいのはある特定の領域だけだということなのです。これまでは、そういうことを考えなくてもよい伝統の上で鑑定がなされてきたのですが、今回そこをどう判断するかは、難しいところだと思います。

もう少し説明を加えると、とにかく今回の鑑定は自分の考えを書くのではなく、従来の判断にのっとった場合、医学的にはこう考えられるということを正確に分析して提示しようと考えました。それが私の仕事だと思いました。少年であれ精神症状をもっている人であれ、心神耗弱というには自由意思が阻害されているという考えが根底にあります。自由意思というものを言い換えると〝意図〟ですね。ところが広汎性発達障害の人が大それたことをやってしまう場合、〝意図〟が阻害された状態に陥ってやったというケースはほとんどないのです。ところが、ハンディキャップは明らかに関与している。だから、従来の枠組みの心神喪失とか心神耗弱にはあたらない。しかし事態を避けようとする意図が乏しく云々、というのはそのことを記述しようとしたのです。

弁護人は、発達の遅れか質的な違いか、という評価にはいろいろな立場がありうるのではないか、ともう一度食い下がろうとした。十一証人は「おそらく今後の議論かもしれません」と答えるに留まった。

「裁判官も心神耗弱の考え方を変える必要があるのか」

公判の最後に、裁判長が、証人の見解は児童精神医学の学会では一般的なものか、と尋ねた。

証人 この問題が議論の対象になったことが、これまでほとんどなかったのです。私は少年事件を扱ってきましたが、成人で同じ事が起きると、これは将来問題になるだろう。そのときに首尾一貫したロジックや見解がないと、これからは大変なことになると考え、論文を書きました。だから共通の見解にはまだ至っていませんし、児童精神科医がそもそも少年事件の精神鑑定にかかわる件数は、いままで大変に少なかったと思います。ですから、到底まだ共通の見解という段階にはいたっていないと思います。

この証言の後、裁判長は次のような問いを発した。筆者は、つい身を乗り出していた。

――(裁判長)我々は、心神喪失に当たるか心神耗弱にあたるか、その判断をしなければならない立場ですが、これまで精神病質として扱われてきたものが、じつは障害にあたるとなると、裁判官も責任能力の考え方を考え直す必要が出てくると思うのですが、この点はいかがでしょうか。

証人 ええ、そのとおりだと思います。この障害は、単に一つの特殊な障害が精神医学に現われたというだけではなく、どうもこれを巡って従来とは違う次元の洞察が、精神科医に、あるいは司法精神医学に求められるようになってきて、あらゆる概念の基礎を根柢から洗い直さなければならないという部分が出てきております。これは、その一環であるとも考えられるのです。だから私は、責任能力という言い方をあえて控えたのは、いままでの規範にのっとって考えると心神耗弱には当てはまらない。しかしハンディキャップはあるという事実を提示し、その判断は司法に仰ぐ、というのが私の責任かと考えました。

それは証人の見解であるが、まだ一般的ではないということか、と裁判長が尋ねた。

証人は、もちろんそうであると答えた後、成人の事件のケースを上げ、やはり同様の趣旨の鑑定となったことを述べ、次のように続けた。

証人 もう一つだけ付記させていただきますと、今回の少年は、いろいろな気分状態が変わったりはしていますが、いつもその少年のままであるわけです。もし心神耗弱という判断になりますと、他のときにもいつも心神耗弱の状態である、自分の制御ができかねないという判断に通じかねないと思うのです。そうなりますと、広汎性発達障害と診断された方は、すなわち心神耗弱状態であると判断したことと同義である、と精神医学的にはなるかと思います。そうすると、同じ広汎性発達障害をもっていても、世の中で元気に働いて、社会的に生産的な仕事をやっておられる方はたくさんおります。その点を考えると、心神耗弱というかたちでハンディキャップを表現するのは、精神医学との整合性を考えると難しい問題があるのではないかと推測しています。

十一医師のジレンマが、よく現れた証言で終わっている。》

ここまでが引用である。さらに某日、東京都小平市にある国立精神・神経医療研究センターで、医師の方々にお話を伺う機会を得たが、そのなかで、アルコール依存の治療を専門とし、医療観察法の策定にかかわり、少年鑑別所で鑑別診断の仕事もされているという松本俊彦医師が、次のような趣旨の発言をされた。——刑事事件と広汎性発達障害というテーマをめぐっては、専門家のなかでも統一見解がなく、議論が二つに分かれてしまう、まさに、ここは盲点のようになっている、と言われたのであった。

専門医師にあっても、見解が二分されるほどの難問である。広汎性発達障害という診断がつけば、その時点で自動的に心神耗弱になる、という誤った理解がときに見られるが、わたしの知る限りそのようなケースは皆無である。

くり返すが、問題の重要性は、広汎性発達障害が心神耗弱となるか否か、完全責任能力か限定責任能力か、というところにあるのではない。武田、十一両医師、あるいは松本医師も述べていたように、「広汎性発達障害と責任能力」という課題を突き詰めていくと、刑事法体系の全般に影響を及ぼす議論になりかねないのである。

寝屋川事件の裁判がそうであったように、責任能力のみならず、動機や殺意といった概念を問いなおさなくてはならない。規範意識、贖罪感情、再犯の可能性といった問題についても、再吟味する必要が出てくる。法体系では「責任」を担うべく「自己」という確たる近代的個人概念が前提となっているが、そこですでに、他人の表情や感情をキャッチする能力、とくに意図しなくても相互交流できる能力、といった対人相互性が前提となっている。

しかし彼らは、その時点ですでにハンディキャップをもっている。このことをどう考えたらよいのか。――こうした問題について、まだほとんど議論を見ていない。広汎性発達障害あるいは自閉症スペクトラムにある人びとについて、わたしたちはまだ十分な議論を経ないまま、彼らに刑事責任能力を求めているのである。

裁判員制度の始まりとともに、この「責任能力」の認定を巡って論議が巻き起こるようになっているが、精神医学も司法も、これらの事態にたいしてどこまで対応ができているだろうか。可能ならば機会を改め、新たな立場や観点から再検討したいと考えているが、ともあれ以上の三点が、本書執筆にあたって留意した問題であった。

本判決は、〇七年の少年法改正以降、少年の重大事件において、初めて下された高等裁判所の判決である。「発達障害」は当時の少年事件の裁判においてキーワードとなっており、事件の重大性と障害の重篤性のバランスをどう図るか、言い換えれば、結果の重大性と責任非難の乖離をどう考えるのかが、原審、控訴審ともに重要な争点となっていた。この二点において、高裁判決は重要な判例となると考えられた。

▼大阪高裁判決について

さて先のわたしの著書は、検察、弁護側の双方が控訴を明らかにした時点で筆を擱いているが、二〇〇七年一〇月、大阪高等裁判所（古川博裁判長）の判決をもって刑が確定した。控訴審は同年六月二六日から始まり、三回の公判の後、判決審が開かれたのは二〇〇七年一〇月二五日。地裁判決から二年を経ており、一七歳だった被告少年は一九歳となっていた。

大阪高裁は原審判決の懲役一二年（求刑は無期懲役）を破棄し、最高刑の無期刑に次ぐ懲役一五年を言い渡した。少年法では、成人の事件における無期懲役に相当すると判断した場合、一〇年から十年までのあいだでの緩和量刑を選択できるが、大阪高裁は、それを選ばなかったことになる。

この判決に対し、読売、朝日、毎日、産経の各紙ともに、少年法改正以降の「厳罰化」の流れを踏まえたものであると解説した。その通りではあるのだが、控訴審判決に示された「厳罰化」とはどんな内容をもつものなのか、以下、少し踏み込んだ分析と解釈を加えてみたいと思う。

先述したように「発達障害」は当時の少年事件の裁判におけるキーワードであり、本判決は、〇七年の少年法改正以降、少年の重大事件において、初めて下された高等裁判所の判決である。

▼二審判決と原審との相違

シロウトながら、まずは、大阪高裁の判決に対する感想を述べたい。

これまでの少年事件の審判は、実質上〝法の弾力的解釈と運用〟によって特徴づけられてきた。このことは、法を判例に照らして厳密に解釈し、一律に適用するよりも、事件の背景や要因、生活環境、更生の可能性、身元引き受け人や帰住先の調整など、加害少年の個別事情への配慮をできる限り示そうとするものであった。その結果が、保護主義とか温情主義とか言われてきたものである（わたしはこれを、少年法における教育法的・福祉法的側面と呼んできた）。

今回の判決は、そのような〝弾力的解釈と運用〟を明確に斥け、少年の事件であっても、成人の刑事裁判と同様の（あるいはそれ以上の）厳密な法解釈とその運用を貫く、というメッセージをはっきりと打ち出したものであった。弁護団は判決後の記者会見で、「高裁の判断は、法律上の枠組みだけに従った形式的な解釈に終始した」と述べていたが、まさにこのことにあたると思われた。

こうした性格がはっきりと現われたのが、発達障害を判決のなかでどう位置づけるかという点であり、まずはそのことが原審と高裁判決との明瞭な相違だった。具体的に見てみる。

○殺意について――弁護人は、被告少年が加害空想のなかで「刺す」という言葉が浮かび、発達障害ゆえにそこに注意が集中していた、殺意はなかった、と主張するが、その空想のなかにおいてさえ、「刺す」は殺害の手段として位置づけられていた。「被告人において、『刺す』は、単に何らかの方法で人体の一部を刺突するということではなく、殺害の具体化の方法としての挙動であり、『殺す』と不可分の観念として固定化していたと認められる」とした。この解釈は、「S先生‐刺す‐包丁‐ホームセンター」という連想にうかがうことのできた少年の心理機制の特異さを斥けるものであった。つまり、結果の凶悪性と重大性が、積極的に前景に出されたことになる。

○責任能力と広汎性発達障害について――犯行当日の〝特殊な気分〟は認めながらも、「この障害を有すること自体が類型的に責任能力の減退を強くうかがわせる事情とは言えない上、上記の特殊な心理状態も犯行の際にはかなり薄まっていたと認められ、これらの点は上記認定を左右しない」とし、ここでも、広汎性発達障害とそれに起因するように生じた特異な意識状態は、責任能力の限定を現すものではないと断じ、次のような文言をそのあとに続けた。

「診断病名としてどのような精神障害を有するものであっても、犯行時の具体的精神状態において、是非弁別能力及び行動制御能力が保たれていた以上、完全責任能力者としての刑責を負うべきことは当然であり、これに関する原判決の判断は正当である」

ここに見られるロジックは、きわめて明快でシンプルである。簡単に述べるにとどめるが、まず、広汎性発達障害が新たな司法精神医学の枠組みを要するのではないか、といった証人（原審鑑定医）が提示した問題意識はほとんど顧みられていない。原審の判決には、広汎性発達障害という背景事情をどう勘案するかという点に関する苦慮を伺わせていたが、高裁判決においてそれらはまったく感じることができず、旧来の司法精神医学の枠組みを踏襲していることが、この判決の、明快でシンプルなロジックをつくっている。

ちなみに言えば、原審判決の苦慮とは、たとえば次のようなものである。

……殺意や動機を考えるとき、障害の影響は無視できない。しかしそのことを最大限に考慮したとしても、心神耗弱を適用することはできないし、「殺意」の認定もはずすことはできない。限定責任能力となれば減刑されることになり、「殺意」の認定をはずせば罪状が殺人ではなく傷害致死となる。被害者感情も社会感情も、とてもこの判断を許容しないだろう。ではどうすればよいのか……。

さらに弁護側は、控訴審の「最終弁論」において、次のように述べていた。

「弁護人からすれば、原判決の認定を前提としても、被告人の行為はいわば『殺人』と『傷害致死』

との中間の行為である、また被告人の状況は、完全責任能力と心神耗弱の中間に位置する状況であって…（以下略）」

大阪高裁の判決に見られるような旧態依然としたロジックでは、「広汎性発達障害」による不利益はいっこうに放置されたまま改まらない、というのが、繰り返すが原審裁判が示した先駆的な問題提起であったと思う。

ちなみに高裁の判断は、「『殺人』と『傷害致死』との中間の行為である」という弁護人の主張は「明らかな誤りであり、むしろ、確定的殺意と未必的殺意との限界線上にある事案」であるとしている。

▼少年刑務所の処遇状況

さて、控訴審で最大の争点となったのは、少年院には広汎性発達障害に対する処遇のノウハウも、実績もできつつあるが、少年刑務所に教育と治療に関する機能がどこまで備わっているのか、という点に関する論議であった。

第二回控訴審において、川越少年刑務所の首席矯正処遇官（当時）である金子陽子氏が検察側証人として法廷に立ち、刑務所内での処遇について証言した。一部、その内容を紹介してみたい。

冒頭、金子証人は「発達障害のある人の特性を考慮して処遇することは、少年刑務所のなかにおいても可能である」と明確に述べた（この年の全受刑者数は一六八四名。うち少年受刑者は九名。毎年、一〇名から二〇名で推移しており、基本的な処遇計画は「少年受刑者の処遇要領」による。二〇歳に達するまでの期間が三年に満たない少年の受刑者にも、三年間は適用され、それ以降は通常の成人と同様の処遇になるという）。

さらに処遇が可能な論拠として、法的な整備が果たされたことを証人は挙げた。

平成一八年に「刑事施設及び受刑者の処遇等に関する法律」が施行され、翌一九年には改正された法律が作られた。この法律によって、受刑者の更生の必要に応じた処遇が可能になった。それ以前は受刑者が拒否すれば改善指導はできなかったが、新たな法律によって受刑者の側にとっても受講義務となり、法的な根拠ができた。さらに新法によって、一日八時間の刑務時間のなかで、必要に応じて教科指導、改善指導、ソーシャルスキルトレーニングを目的としたグループワーク（グループカウンセリング、サイコドラマなど）ができるようになった。

新法や通達による充実は他にもあり、少年受刑者に対しては個別担任制となったこと（川越少年刑務所では、法務技官と心理技官が担当している）。日記指導が毎日行なえるようになったこと。家族関係の維持改善を図る時間が増えたこと。また、「少年施設の職員による処遇共助の実施について」という通達によって、少年院や少年鑑別所の職員を刑事施設に派遣し、指導に当たることが可能となった。

金子証人によれば、川越少年刑務所では処遇共助は行なわれてはいないが、二名の教官が少年院より配置転換された。その他、性犯罪再犯防止指導のために、法務技官と心理技官が二名ずつ増員された。個別担任は受刑者と面接をし、作業状況について工場担当者と打ち合わせをもったり、処遇班会議などを通して情報伝達や指導者間の連携に努めているという。

処遇にあたっては少年受刑者だけの作業工場と教育グループを作っており、居室についても成人とは同室にしない、隣室も少年受刑者にするなどの配慮を行なっている。刑務作業は園芸と窯業に分かれ、発達障害に適した小集団指導は可能である。その他、薬物依存の民間の自助グループ、被害者団体、特殊面接委員など、社会支援も活用している。

――以上のような証言内容だった。わたしが不勉強だからかもしれないが、ここまで踏み込んだ少年刑務所についての情報を、初めて得ることができた。

▼処遇と量刑についての高裁の見解

これを受け、大阪高裁は次のようなロジックを採った。

少年の発達障害を考慮し、医療的な側面を重視した処遇が望まれることは関係者の共通した意見であり、保護処分の有効性は認めることができる。しかし本件は原則逆送事件のなかでも長期の刑罰を科し、これに服させ、償いをさせる必要の高い事件である。このときに保護処分を選択するためには、少年刑務所と少年院の処遇能力に「優位の差がある」というだけでは足りず、刑務所の処遇能力が極端に劣り、かえって有害であるという事情を有するときに限られる。――

少年院よりも処遇環境が劣る、では足りない、少年刑務所には弊害があるということがはっきりと認められなければ、保護処分は選択できない。これが、大阪高裁が示したロジックだった。この前提に立って金子証言を採用し、高裁の判決内容が組み立てられたと言っていい。

近年の処遇に関する法制度の変革、施設職員の人事交流などによる専門的知識や意識が変容している点を指摘し、少年刑務所の処遇に関する弁護人の主張は「少年刑務所の現状に反するか、過度に消極的な評価である」と斥けた。

そして少年刑務所の処遇能力については、次のような判断を示した。「これらの諸点を総合すると、広汎性発達障害の克服という見地から見て、少年刑務所の処遇能力が少年院より根本的・本質的に劣るとは考え難く、ましてや、被告人に刑事罰を科し、少年刑務所での処遇を受けさせることが有害無益であるなどとは、到底いえない」

さらには「刑事処分には、保護処分には見られない利点があることも認められる」とし、次のように述べた。

「多様な職種の職員がかかわることで、担当者ごとの役割や働きかけの意味が分かりやすくなり、安心して処遇にかかわることができること。製造製品が市場に出ていくのが可視的に分かり、少年院より社会的な側面も認められること。処遇期間が長期にわたることは、『自分の行為の重みを適切に受けとめることにつながり』、また処遇担当者の側から見ても、『その時点の状況に応じた適時適切な教育を、時間的ゆとりをもって施すことができる利点もある』とした。

このような判断に立ち、『無期懲役を緩和することは』、『実質的には無期懲役を甘受させてもあながち不合理ではない状況にある者に、それよりも大幅に不利益の度合いの小さい刑を科するにとどめることに他ならず、そのこと自体で、当該被告人にきわめて大きな利益を享受させる措置といえる』とし、一五年の量刑を選択した」。

成人の刑事裁判以上の形式的法解釈、と述べたことの意味を、いくらかなりともお伝えすることができただろうか。

▼裁判員制度以後の課題

この判決について申し述べたいことは、次の二点である。

それは、少年の刑事施設が十分更生に資する場所であるということを、この判決は、社会に向かって明確なアピールとして打ち出したものである。少年刑務所が、どのような少年にあっても更生し、立ち直るための教育環境として機能できるし、その機能をさらに充実させる必要がある、と高等裁判所が要請した判決である、と言ってもよい。

先の著書には昭和四〇年までの「少年受刑者の推移」を示すグラフを掲載してあるが、四〇年以降、その数はさらに激減し、五〇年度からは一〇〇名前後での推移が続いている。そして平成二〇年度は六三名と、少年の受刑者数は、きわめて少数ではある（平成二一年版「犯罪白書」より）。

しかしここにきて裁判員制度が開始し、少年の逆送事件もその対象となった。国民に対して裁判に参加する義務を国や司法は求めたのだから、裁判員になった際の、重要な判断材料の提供を拒む理由はない。裁判員に対し、処遇施設を閉ざすのは合理的ではない。裁判員制度をよりよいものにするためにも、処遇の概要や出所後の状況等、実績内容の積極的な情報公開は、社会に向けた重要な責務となった。このことが一つである。

もう一つは、広汎性発達障害に対する理解についてである。ただし「障害」を特権化し、特異性や特殊性を際立たせたいのではないことはすでに述べてあるし、障害が犯罪に直結する、などと言いたいのでもない。ここでお伝えしておきたいのは次のことだ。

ひとは生まれ落ちた直後から人と社会のなかに置かれ、数かぎりない働きかけを受けながら育つ。言い換えれば、適切なかかわりや支援（つまりは養育や保育・教育）によって、いわゆる対人相互性をはじめとする「発達」はなされていく。障害の有無にかかわらず、この事情は変わらない。

問題は本書の少年のように、孤立したまま深い挫折体験から抜け出せなくなり、自尊感情が損なわれ、ハンディキャップが著しい生活障害になってしまったときである。つまり、引きこもりや被害妄想、自傷行為や他害行為、強迫的な症状など、心身の大きな困難（二次的症状）へと転じ、逃げ場をなくしてしまったときである。

くり返すが、偏った個性や認知のハンディキャップがあったとしても、人や社会とつながりながら生活を維持できるのであれば、それはそれで一つの人生である。ところが偏りをもった個性や突出した個性は、周囲とのトラブルを招くことが多々あり、理解されない集団の中に置かれたとき、いじめや排除のターゲットになっていく。少なくともその可能性が高まる。

こうした本人の特性に、生活上の困難が加わってくる。たとえば親による暴力や養育放棄、貧困や家庭崩壊。さらには仲間関係によるいじめや恐喝、使い走り、孤立といった諸問題が積算される。これらは単独で現れるよりも、複雑に関連していることのほうが多いだろう。加えて、社会的支援を一方で言いながらも、トラブルの解決力が弱く、必要以上に深刻化させてしまう狭量さや脆弱さが、現代社会の特徴である。インターネットやゲームなど、孤立を促進する要因もふんだんに用意されている。こうしてさらなる孤立のなかに置かれていく。このような負荷要因の総量が、「犯罪」として表現されてしまう。

以上、全体的動因のなかで、広汎性発達障害という一つの特性を考えていくことが重要ではないかと思われる。これが「障害と犯罪」についてのわたしの基本的理解である。

▼孤立をどうしたら防ぐことができるか

事件取材を続けてきて改めて痛感することは、「孤立」をどうしたら防ぐことができるかという、きわめて当たり前のことだ。「自立」と孤立は異なる。自立とは、自分が生きていくために必要な、ひととの「つながり」を作っていくことだ。寝屋川の少年も浅草で事件を起こした青年も、自立したいと強く望みながら、孤立し、その果てで、傷ましい被害者を生んでしまった。

わたしはいま、困窮者の住まいと生活の支援をするＮＰＯの主催する事例検討会議に参加する機会を得ているが、会議のたびに、凄まじい人生の一端に立ち会うことになる。生後すぐに遺棄され、施設を転々として生きてきた人。刑事施設や少年院の出所・出院を繰り返してきた人も少なくない。過半が複数の疾患や障害を抱えもっている。十年二十年に及ぶ長期の入院を余儀なくされて来た人も含まれていた。

議論が沸騰してくると、支援する人びとの静かだが半端ではない気迫にたじろぎを覚えることさえあるが、どうしたら彼らの「孤立」を防ぐことができるか、事例検討会議ではそのテーマが繰り返し問われているのだと気づく。

しかし一筋縄ではいかない難題である。難題ではあるが、そこから方途を見出していくほかないことも、またまちがいのないことのようだ。この事件からわたしが受け取ったメッセージは、まさにこのことに尽きると思われた。

二〇一〇年五月三一日

（初出『十七歳の自閉症裁判　寝屋川事件の遺したもの』〔岩波現代文庫・二〇一〇年〕解説）を改稿

3　知的障害と刑事裁判、その難しさはどこにあるのか

――二〇〇八年千葉・東金幼女殺害事件

§1　誰の、なにが裁かれていたのか

▼千葉・東金事件の概要と経緯

二〇〇八年九月二一日正午過ぎ、住宅街の資材置き場に一人の女児が全裸の遺体となって放置されていた。そして一二月六日、「死体遺棄」容疑で一九歳の男性が逮捕。地元の養護学校の卒業生だった。男性の自宅マンション下の駐車場に女児の衣服と靴の入ったビニール袋が捨てられてあり、袋に付着していた指紋が男性のものと一致。任意同行を求められ、「女児を置いたのは自分だ」と自供し、逮捕となった。以後、弁護団は二転三転する供述に戸惑うが、東金署は一二月二六日、容疑を「殺人」に切り替えて再逮捕。〇九年四月一七日に起訴となった。

同年九月一四日、主任弁護人は記者会見を開き、ビニール袋の指紋・掌紋が本人のものとは合致しないという鑑定結果を得た、と発表した。さらに一〇年一月二五日、被疑者の証言供述に関する鑑定の結果を検察庁に提出した旨が会見にて報告され、とくにコミュニケーション能力については、内容の変転が著しい、これは精神的未熟さによるもので、表面的には人とよく会話をしているように見え

るが、じつは多くを理解していない、供述には誘導の可能性が窺える、という鑑定結果を示した。弁護人は、検察側の証拠では被疑者の犯行とは断定できず、自白供述にも誘導が疑われ、起訴されたすべての罪において犯人性はない、と全面的に争う姿勢を明らかにした。

ところが事態は一転する。同年四月、主任弁護人が突然辞任。新たな弁護団が組まれた。さらに一二月一四日、公判前整理手続きの終了とともに、新弁護団は、起訴事実を全面的に認める、と訴えを一転させた。そして、被告には訴訟能力（裁判を受ける能力）がないため公判停止を求める、殺害実行時には責任能力が減弱していた、離職以降、福祉支援を受けていなかったなど情状面での酌量を求める、というこれら三点を争点とするといった、きわめて異例の展開となった。

軽度の「知的障害」を持つ青年が捜査対象として浮上し、任意同行を求められ、自白。揺れる供述、弁護団の苦慮など、不安を強く感じさせる典型的なケースだった。

この事件はのちに、『知的障害と裁き—ドキュメント千葉東金事件』（岩波書店）としてまとめられることになるが、逮捕後、取材に入ったわたしはすぐに、半ば強引になされた誤認逮捕（冤罪）ではないかと強く危惧した。取材とある月刊誌への原稿発表とは同時進行的になされていたが、その第一回目は「ほんとうに女児『殺人』事件だったのだろうか」と題され、二〇〇九年四月号に掲載された。重要と思われる個所を、抜粋しながら引用する。

（これまでの取材から）その疑義をひと言でいうならば、次のようになる。

この事件は、ほんとうに女児「殺害」事件なのだろうか。

奇を衒っているつもりはない。一人の女児がかけがえのない命を落として発見された。その事実は動かし難い。痛ましいこの事実をもって、読者の過半は殺人事件であると思いこんでおられるはずである。しかしあえて問いかけたいが、その確信はどこで作られたのだろうか。疑ってみたことはなかったのだろうか。

一二月六日に逮捕され、一二月二六日に「殺人」容疑で再逮捕されるまで、この事件は「死体遺棄事件」だった。通常の死体遺棄事件であれば、「事件と事故の両面」からの捜査がなされるはずだが、そうはならなかった。遺体発見直後より「殺人」事件として捜査が始まり、当局のみならず、私たち一般市民もそのことをわずかなりとも疑わなかった。そして一二月六日にあっても、「殺人」事件の容疑者逮捕ということを暗黙の前提として警察発表が行われ、それを受けた報道各社による凄まじい「犯人視報道」が繰り広げられていった。

どうしてこのようなことになったのか。**この事件はなぜ事故死あるいは事故に近い過失致死、または傷害致死という可能性が捨てられ、捜査の初動から、殺人事件として取り扱われることになったのか**。なぜ、誰一人としてそのことを疑わなかったのか。……。

現場は空地とはいえ、住宅街である。すぐそばには小学校もある。子どもたちの遊び場となる公園もある。大勢の子どもが行き交う日常の場所に、女児の遺体が捨てられていた。この事実だけで、まずはきわめてショッキングである。自殺をするような年齢ではないし、そんな場所でもない。衣服も身に着けていない。事故であるならば、なぜこのようなむごたらしい姿にならなくてはならなかったのか。――誰もがこのように考えたろう。

最初の遺体発見者もその母親も、搬送した救急隊員も、現場に駆け付けた警察官も、状況を見る限りは殺人事件以外には考えられなかったはずである。まして五歳という可愛いさかりの女児である。このようなことをした人間への怒りは激しく募るだろう。強い怒りは「殺されたに違いない」

という推測を、「殺人以外ではない」という確信に変える。事件発覚時の新聞を見ると、すぐに捜査本部が設置され、「死体遺棄事件＝殺人事件」として捜査が走り出していったことがうかがわれる。ある事件に対し、事故よりも過失致死を、過失よりも傷害致死を、傷害よりも殺人を、とより重い罪を疑うのは、捜査する側にとっては当然の心理と手法であるだろう。

筆者の疑義に対しては、当然ながら多くの反論・疑問が予想される。

何の目的で五歳の女の子を自宅まで連れて行ったのか。被疑者が誘ったのならそれ自体が犯罪であるし、仮に女児が言い出したとしても、部屋に一緒にいたという事実だけで被疑者にはいかがわしいものを感じる。部屋のなかで何があったかは分からないが、何が生じたとしても、女児が動かなくなったとき、なぜすぐに救命措置をするなり、救急車を呼ぶなりしなかったのか。仮に事故あるいは過失ならば、何らかの措置を講ずるはずではないか。

あるいは、死体をあのような人目につきやすいところに遺棄したのはなぜなのか。なぜ衣服を剥ぎとってしまうという行為にまで及ぶ必要があったのか。およそ常軌を逸している。しかも逮捕までには約二カ月という期間がありながら、その間、自首することもなく、通常の社会生活を営んでいた。マスコミの取材にさえ応じ、事件とのかかわりを否認している。この事実をどう説明するのか。何の落ち度もない五歳の女の子が命を落としたという事実があり、その遺体を全裸にして近くの空き地に遺棄した。男は反省の様子を見せておらず、事故だとか過失だとかはもはやどうでもいいことである。……。

こうした疑義や批判は、まずは呑み込まなくてはならないものだと筆者も考える。

これらが、取材の当初にわたしが抱いた偽りのない疑問だった。先の文章は次のように続いている。

ここから、事件のもう一つの背景である「軽度の知的障害」というファクターが重要な意味をもってくる。というのは、事件の最初のポイントが、捜査当局の初動の「殺人」という断定だったとすれば、二つ目のそれは、被疑者自身が、事実関係や動機を、説明も釈明もしていない、することができないということだからだ。そのことが事件の凶悪さを実際以上に増幅させていると筆者には感じられるのだが、その前に、もう一つの事実を指摘しておかなければならない。

それは、この事件における物証の乏しさである。この事件には**被疑者の殺害を示す直接の物証が何一つとしてない**のである。

一二月六日に任意同行を求めた理由は何だったか。遺体発見時、被疑者の居住するマンションの駐車場から被害者の衣類と靴が入ったビニール袋が二つ発見され、その一つから検出された指紋が、被疑者のそれと一致したこと（ただし指紋は複数人のものが検出されている）。さらに、この袋は近くの大型スーパーのものであり、店のビデオに被疑者の姿が映っていたこと。ここで、被疑者と物証（ビニール袋）が結びつけられた。もう一つは、当日、当該の時間に裸の女児を抱えた被疑者らしい男性を見たという目撃証言があったことだ。

この二つの事実によって任意の同行を求め、被疑者の自白を得た――これだけである。逮捕直後のテレビ、新聞のセンセーショナルな報道が過ぎたいまとなってはおよそ信じがたいが、現在まで警察が発表している限りでは、たったこれだけの物証と目撃証言だけなのである。

一二月二六日の再逮捕においても同様で、新たな物証も、目撃証言も出てきてはいない。くり返すが、この物証も目撃証言も、彼が「殺害」した事実を直接明らかにするものではない。唯一、「家に帰る、帰らないでトラブルとなり、いうことをきかせるために風呂に沈めた」という供述を得た、というそのことだけを再逮捕の決め手としているように、やはりここでも自白供述だけを唯一の拠り所としている。

ところでこの物証については、証拠開示がまだなされていない段階であるにせよ、いくつかの〝疑問点〟がある。

一つ目。スーパーの袋は、誰が、いつ発見したものか、いつ警察に届けたのか、入手経路の詳細がいまだ明らかにされていない。

二つ目。弁護人が母親に確認したところ、被疑者は紐の〝固結び〟ができないという。ということは、袋を結ばないまま三階から駐車場に放り投げたことになり、中のものが周辺に散乱した可能性が高いのだが、袋の口は結ばれ、衣類もきっちりと収められて発見されている。このことをどう整合的に説明するのか。

そして三つ目が最も重要なのだが、袋から検出された指紋についてである。照合するためには、事前に元となる被疑者の指紋を入手していなくてはならない。しかし身柄拘束以前に、母親も、本人も、任意で指紋提供に応じたという事実はない。任意同行前、警察は被疑者の指紋をどこからどういう方法で入手することができたのか。ほんとうに正当な手続きを経て入手したものなのか（入手経路について、筆者はある情報を手にしてはいるが、この段階では公開を控えたい）。

もう一つ、遺体には目立った外傷や抵抗した形跡がないし、性的暴行も受けていないという事実がある。既述したように、司法解剖の結果、口や鼻をふさがれたことによる窒息死であることが明らかとなっているが、被疑者の自宅からは被害者の血液反応や尿反応（窒息の場合は失禁することが多い）は出ていない。つまりは「殺害」という犯行事実を直接に示唆するものは、遺体からも自宅内からも、いまのところはまったく探し出すことができていないのである。

物証の乏しさ、物証そのものにまつわる不審な点。傷もなく、争った跡もなく、具体的な死因（殺害原因となる可能性）を特定させない遺体状況。以上、ほんとうに「殺人事件」であるのかと強く疑わせた理由である。しかしまたこのことは、「殺人ではない」ことを直接指し示すことにもならない。結果、被疑者の自白供述の内容と証言能力を裁判所がどう判断するかが、本件の最大のポイントとなる（福祉関係者たちが息をのんで見守っているのも、おそらくはここである）。

これが、当初の物的証拠をめぐる現状だった。示されていたのはあくまでも状況証拠のみ。目撃証言も確定的なものとはいえなかった。そして何よりも唯一の証拠となるはずの被疑者の証言が、揺れに揺れていた。

供述をめぐる攻防が、以後、捜査側と弁護側によってどうなされていくか。そこが最大のポイントとなっていく。先にも触れたように、この後、事態は予想を超えた展開となり、「冤罪説」をとって発信していたわたしは、まったくの孤立無援のなかに置かれていくことになる。自分が書いた原稿とどう向き合うのか。このテーマが『知的障害と裁き』にある〝アナザー・ストーリー〟だった。

▼公判の経緯と判決

裁判は次のような経過となった。第一回、冒頭陳述。第二回、被告人尋問。第三回、証人尋問（支援する福祉関係者と元担任の教諭）。第四回、証人尋問（検察弁護側両者が立てたそれぞれの精神科医師）。第五回、証人尋問（被害者遺族）。検察側の論告と最終弁論。第六回、判決。

検察が第一回公判において示した犯行事実は以下の通りだった。

……〇八年九月二一日午後一一時三〇分頃、通りで偶然会った女児に、友だちになりたいと声をかけようとしたが果たせず、人がいないことを確認し、ハンカチで口を塞いで担ぎ上げて自宅に連れ帰った。話をしていると女児が「帰る」と泣き出し、「帰るな」と言い争いになった。女児が「ばか」と三度言ったことにさらに激昂。浴槽に沈め、動かなくなるまで抑えつけて死に至らしめた。そののち警察や母親に知られることを恐れ、証拠隠滅のために衣服を脱がせ、服と靴をビニール袋に入れてベランダから投げ捨て、遺体を資材置き場に遺棄した。……

第二回公判の被告人尋問において、弁護人とつぎのようなやり取りがあった。

弁護人「女の子はどういう反応をした?」
被告人「わあわあ泣いていました」
弁護人「泣き止まなくてどうした?」
被告人「そこからはもう頭にきていました」
弁護人「それから、どういう行動に出たの?」
被告人「抱きかかえてお風呂場の脱衣場に行きました」
弁護人「家に帰りたいと言っていた?」
被告人「覚えていません」
弁護人「あなたのことをバカと言った?」
被告人「それは覚えています。バカを三回言いました」
弁護人「お風呂に女の子を沈めた時、死んでしまうと思った?」
被告人「少しは思いました」
弁護人「何故やめなかったの」

被告人「凶暴性が収まらなかったからです」
弁護人「泣き止まなかったこととバカと言われたから?」
被告人「バカと言われ、会社のときのシーンがプレイバックしました」。

ここに、犯行の動機が求められた。あるいは次のようなやり取りもあった。
弁護人「今回の事件は、どういう罪で逮捕されたか分かりますか」
被告人「内容は分かりますが……(沈黙)」
弁護人「上手く説明できないのですか」
被告人「調書があれば分かります」
弁護人「何のために裁判を受けているのですか」
被告人「あやまるためです」
弁護人「君が言いたいことは何ですか」
被告人「ごめんなさいと言いたい」

検察官による尋問で、ではなぜ逮捕当初から正直に言わなかったのか、と問われたとき、母親を悲しませたくなかったからだと答えた。以降は、裁判を受けるのは女児にごめんなさいと言うためだ、と答え続けた。

判決は一一年三月四日。裁判長は犯行の悪質性、社会的影響の重大さ、遺族の処罰感情の大きさを認め、検察の訴えをほぼ全面的に受け入れた。訴訟能力や責任能力に関しても弁護側の訴えを退けたが、一方、軽度の精神遅滞による認識・判断・制御能力が一部損なわれていたとし、量刑は懲役一五年（求刑は二〇年）となった。

判決を言い渡した後、裁判長は「分かった？」と何度か尋ね、被告はそのたびに頷いていた。わたしの目には納得しているように見えた。ところが三月一八日、本人自身が判決を不服として控訴。まさに三度目の〝どんでん返し〟となった。

▼若干の考察と感想

多くの人が、次のような疑問を抱くのではないか。

公判前整理手続きに、なぜ二年以上もの長きにわたる時間を費やしたのか。無罪立証を一転させ、事実認定の争いを断念したのはなぜか。「殺意」の有無について争わなかったのはなぜなのか。最大の争点とした「訴訟能力」を裁判所が退けたことに対し、弁護団はどんな見解をもっているのか。——おそらくこれらの問いは、被告が軽度の「知的障害」をもつことから生じる難しさ、という点で共通している。

弁護人の接見のたびに、男性は、相手に応じてその内容を変え、こんな答えを望んでいるだろうということを彼は伝えていた（一般には迎合的特徴と言われている）。その結果、それぞれの弁護人によって印象に誤差が生じる。その食い違いをどう判断するか、少なくとも女児との関与はあるのではないか、まったくの無罪ではないのではないか、という方向が共有されるまで二年を要した。

もう一つ、弁護を難しくさせていたのは、方針が固まりかけるたびに検察が新たな証拠を提出してきたことだった。弁護団は改めて検討が必要となる。それがくり返された。略取現場を映した防犯カメラの映像や、ビニール袋に入った髪毛が母親のＤＮＡと一致したという鑑定書は、最後になって出された。違法ではない。しかし、これもまた公判前整理手続きを長引かせる一因となった。

先ほど列記した疑問のなかから一点だけ書き留めておこう。殺意の認定について争わなかったのはなぜなのか。弁護人間では、殺意についての議論は最初からなされなかったという。未必の故意（これをやれば死ぬかも知れない）は議論になりかけたが、それでは罪状を覆すことは無理だろうという判断は早くから共有されていた。しかし被告は殺人と傷害致死の違いを理解していない。「とにかく静かにさせたかった」と検察官の問いに答えているが、「殺すつもりはなかった」とは訴えていない。被告の発言をどう受け取るか。

知的障害があるとはいえ、責任能力が争われるケースではない。しかし、裁判における自己防御力において大きなハンディを持っている。では訴訟能力を争うべきか。訴訟能力の認定はハードルがあまりに高いから現実的ではない。ならばどういう闘い方をすればよいのか。

このケースは、「軽度知的障害」と呼ばれる人たちの刑事弁護の難しさを如実に示すものとなった。

事件の原審、控訴審の弁護人を務めた大石剛一郎弁護士（彼は浅草事件の弁護団の一人でもあった）に、刑の確定後に取材する機会を得ており、著書ではそれを紹介している。抜粋するが、以下のようなやり取りだった。

弁護方針が出るまで、公判が始まるぎりぎりまで時間がかかった。弁護団としてももっとも判断が割れた点、激しく意見がぶつかった点はどんなところだったか。大石弁護士は次のように答えた。

「無罪主張の可能性は、ほんとうにないのか。その決断を最後までためらったというのが、正しいところでしょうね。ほんとうにないということに決めていい、という点が、弁護団全体で迷ったところでした。

具体的にどこがというのは難しいのですが、証拠全体の評価の問題です。検察から出てきている証拠の評価、それから本人の供述の評価。全体を見たとき、検察の証拠がほんとうに完璧で固い、ということであれば議論の余地はないのですが、ほんとうに固いかという点では一〇〇パーセントとは言えない。やりましたという本人の自白供述にほんとうに乗っていいかというと、これも一〇〇パーセントとは言えない」

裁判を傍聴しながら難しいと感じたのは、本人とのコミュニケーションについてだった。一見、会話はできているし、通じているように答える。軽度の知的障害と呼ばれる人たちに独特の難しさを、彼は典型的にもっているように感じた。弁護団はその点をどう考えていたのか。

「私は本人が逮捕されてから、約半年後に弁護団に加わったのですね。だから逮捕直後の聞き取りをしていないのです。最初に話したことについても、その時点でかかわっていた弁護士には評価材料になるわけです。最初は否認、そのあと認めるという話になる。そのときの変わりようはどうだったか、様子はどうだったかといった点も考慮する。

雑誌でも書きましたが、一応、コミュニケーションが取れている感じはあるのです。取れているのですが、背景や理由、ディティールについて、しっかりした説明ができているかといえば、できていないところです。本人なりには説明しているようなのですが、少なくともこちらにはストンと落ちてこない。記憶が薄れているからそうなのか、言葉で表現できないから出てこないということなのか。言葉で表現しにくいので、考えることを途中で放棄している、ということもあり得ますね。

それから、じつはまったく体験していないということも、絶対にないとはいえないだろう。その絶対に体験していないというところに弁護団が乗っていいのか。最初の話の続きになりますが。すごく判断に悩みましたね」

公判を傍聴しているだけでは窺い知ることはできなかったが、弁護団内部での苦慮が想像以上に深いものだったかが理解された。もう一つ、次のようなことも尋ねた。…わたしは、今回の事件が遺した最大の課題は、軽度知的障害という独特の難しさを持った人たちとのコミュニケーションの問題ということになると考えているが、それでよいか。

「そうですね。深いコミュニケーションが、どこまでできるかですね。ある程度の信頼関係ができて、雑談がスムーズにできるようにはなったのですが、ほんとうはこの人は、何をどう考えているのか。そこを一緒に深めていく。こちらにその技術はないし、そこまでの信頼関係ではなかったわけです。でもそこまでは入らないと、ほんとうのところは聞くことができないのではないかと感じます。

ただし、事件直後から始めないと難しい。記憶自体が薄れてしまっているということがあるし、記憶と体験事実がごっちゃになっていることもあるでしょうから。少なくとも心理、医療、教育といったいろいろな分野の人が、早い段階で入ったら、まったく違うと思います。やったかやらなかったか、という観点だけで入っていくのとは違っているし、違ってはいるけれども、どこまでやっているのかといった話とどこかで関係してくるだろうと思います。それを聞くことができないのが現状です。こちらがうまく聞き取れない。聞き切れないのですね」

すでに書いているが、彼らは「責任能力」(心神耗弱)を争う対象とはならない。「訴訟能力」認定が様ざまな段階をもって認められるようになれば、いくらかは弁護の方向や方法が見えやすくなるかもしれないが、現今ではそれは不可能である。したがって、通常の裁判のなかで情状面を争うことになるが、逮捕から結審まで、二転三転しながら進んできたところに難しさがよく表れている。

「軽度知的障害」と呼ばれる人たちのことを、わたしたちはよく知ってはいなかったのではないか。分かったようなつもりになっていたのではないか。取材から執筆までの間ずっと、そんなことを考えていた。

（原題「司法と知的障害――千葉・東金事件から考えたこと」）を大幅に改稿。初出誌不詳

§2 なぜ母親にまで「責任非難」は及んだのか
――「最後の最後まで息子のことを信じてやろうと思いました」

＊このパートをまとめ直しながら、拙著『知的障害と裁き』を読み返す作業のなかで、ぜひともここはリライトして掲載しておきたいと考えた件があった。被告人の母親が証人として法廷に立ち、検察官の質問に答えていた第三回目のやり取りである。この著書の「プロローグ」部分に当たる。以下、適宜抜粋し、加筆しながら、著書のまま次に引きたい。

▼公判での光景――「なぜ謝罪の手紙を出すのが遅れたのか」

法廷内に、検察官の低いくぐもった声の尋問が続いていた。検察官は、証言台に立つ中年の女性に何度目かの問いを投げかけた。遺族への手紙を、昨年（二〇一〇年）の末になって突然送りつけているが、なぜそんなに遅くなって手紙を出すようなことになったのか。腰を低くした雰囲気と口調を作ってはいたが、非難の意思がはっきりとこめられていた。女性は答えた。

「それ以前には、被害者の御遺族の方に、とても受け付けてはいただけないだろうと思っていたから

です」

検察官はさらに、踏み込んで尋ねた。

「それは、ずっとこの間、事件を認めたくなかった、自分の息子が犯人だとは認めたくなかった、そういうことですか」

女性はハンカチを握りしめ、傍聴席からもはっきりと伺えるほど体を震わせながら、消え入るような声で答えた。

「世の中の九九パーセントの人が、息子が犯人だと言っても、私だけは、半信半疑ながら、最後まで息子を信じてやろうと思っていました」

検察官は証言台に立つ女性と手元の書類とを何度か見くらべ、一呼吸置いてから言った。

「裁判が近いから、手紙を書いた方がいいと弁護士に言われたことはありませんか」

「それはありません。裁判のことは、弁護士さんたちに一任していました」

検察官は、まるで聞えなかったというように、もう一度繰り返した。

「弁護士の先生たちに、(裁判のことについて)自分から働きかけをしたこともないのですか」

「一切ありません」

母親は「弁護士たちに、すべて任せていましたから」と、もう一度、小さな声で言った。この、呻くような陳述は、傍聴席の最前列にいる私には辛うじて届いてきたが、他の、多くの傍聴人には聞こえていなかったろう。検察官は手を緩めなかった。

「公判前の手続きを長引かせようと、弁護士たちに働きかけたことはありませんか」

「一切ありません」

「半信半疑だったと言いますが、被告人がこれだけ事件に関与している証拠がある、とは聞いていなかったのですか」

検察官は言った。

「落ちました（自白した）、ということは聞かされました」

このやり取りは、二〇〇八年九月二一日の、千葉県東金市で起きた殺人事件、第三回公判より筆録したものである。

発表された事実によれば、当時五歳の女児が大通りの路上にて男の自宅に連れ去られ、浴槽で殺害されたうえ、遺体が全裸で資材置き場に遺棄される、というきわめて凄惨で、衝撃的な事件だった。公判の場所は千葉地方裁判所（ちなみにこの事件は、公判前整理手続きや、集中審議による裁判の進め方などは裁判員裁判に準じた形をとっているが、起訴期日が少し早かったため、その対象とはなっていなかった）。

断るまでもないことだが、証言を求められている女性は、この裁判における被告人ではなく、その母親である。母親は被告人の生育史、事件当時の生活状況、障害の実情など、情状面での証言をするために弁護側より求められた証人だった。

検察官の尋問の後、被害者遺族の代理人が質問者として問い質していくことになるが、その間、四、五〇分ほどはあったろうか。母親は一人で、矢継ぎ早に突きつけられる尋問に晒され続けなくてはならなかった。この後、検察官は、さらに尋ねていった。

「警察にＤＮＡ鑑定のための毛髪の提供をしたのはいつですか」

母親は答えた。

「一二月六日に行われました。でもそのとき私は動転していて、まったく意識がないのです。覚えていません。後で言われて、そんなことがありましたか、と尋ねたくらいでした」

一二月六日とは、二〇〇八年、青年が死体遺棄の疑いで任意同行を求められ、自白した、として逮捕された当日だった。

「いまは事件を受け入れているのですか」

検察官は尋ねた。

「本人が、裁判でほんとうのことを話したいと言っているので、それに反対する理由が私にはありません。いまは、事件を受けとめないといけないと思っています」

この発言は、大変に微妙である。事件全体をどう受け止めているかという、もっとも核心部分に降り立っていく言葉である。検察官は、さらに同じ趣旨の問いを発した。

「弁護人から、被告人に関するこれだけの証拠が出ている、と証拠関係について聞いたのではないですか。そうした事実を踏まえて、客観的に犯人に間違いないと受けとめるところから、母親として何ができるか、何をしなくてはならないか、と普通ならば考えるのではないですか」

「私には最後まで、絶対にこの犯行は息子には無理だという思いが、大前提としてありました」

「今も半信半疑が続いているということですか」

「世間の九九パーセントの人が、息子が犯人だと考えても、自分だけは信じたいという思いでした」

「そういう気持ちで遺族に手紙を書いても、通じると思いますか」

「それで、（手紙を）出せませんでした。謝罪したいという思いがまだ足りない、言葉が足りない、そう思っていたことが、時間がかかった理由です」

「では、何のために手紙を書いたのですか」

「関与は認めざるを得ないので、お詫びをしたいというのが本心でした。納得してもらえなくとも、謝罪をしたいと思いました」

繰り返すが、ここで問われているのは被告人本人ではない。その母親である。そして被告人は、成人の男性である。あたかも未成年の我が子の犯行を、監督不行き届きだと責められるように、手紙を出して謝罪をしなかったことを検察官によって問責され、難詰されている。この事実は、傍聴席にいるわたしを驚かせた。いや、強い疑義を抱かせた。

被告人の「責任能力」には問題はない、十分に非難可能である。逮捕直後から捜査側はそのように主張し、精神鑑定を実施した医師にそれを証明させ、一般の成人同様の刑事手続きに乗せて審議することを主導してきたのは、とりもなおさず検察官自身だった。

しかしこの光景は、検察官自らが、自らの訴えを裏切るものになってはいないだろうか。被告本人には十全の刑事責任を問うことはかなわない、それならば監督責任者に肩代わりさせようというように、母親の責任を追及する尋問が続けられている。裁判官に対する印象を少しでも検察側に有利な方へ導きたい、そのような意図があることは推測できるが、これは刑事裁判の基本原則を、検察官自らが踏み外していることに他ならないのではないのか。

シロウトの法律談義になるが、少年審判であれば養育者の保護責任、養育責任が問われ、そのありかが処分決定の重要な判断要因となる。しかし、このケースは成人の刑事裁判である。責められるべきは被告人がなした行為であり、それ以外ではない。それが「責任主義」の原則のはずである。

ここでは事実確認のみならず、本人になり代わって母親がその「責任」を厳しく問われている。なぜ息子が犯人であることを認めなかったのか、そして速やかに謝罪しなかったのか、親としての責務を怠ったのではないか、と問い詰められている。息子とはいえ、被告人の、情状面での証言をするために証人として出廷したのだから、当然、反対尋問にさらされる立場になる。それは厳しいものになるだろう。

しかし、母親が強く「責任」を問われれば問われるほど、被告人個人の「責任」のありかが危うくなることを、検察官自身の尋問が自ずと語っているのではないのか。そのように感じていたのだった。

もう一つある。こちらはもっと初歩の疑問だった。

裁判所が有罪の判決を下すまでは、いかなる被告人といえども「推定無罪」の下に置かれる。まして日本は三審制である。最高裁判所の判断が下されるまで、母親に、自分の息子が無罪であることを信じるという意思があったとしても不思議ではない。むしろ当然ではないか。周囲にはいかに不条理で言語道断に感じられ、マスメディアや世間から道義的な非難を浴びたとしても、本来ならば責めることはできない。

最終的には検察官の公訴事実を全面的に認めた「自白事件」というかたちになったが、ついこの前までは、全面否認で争うかどうかを検討していた事件である。弁護側の最終方針が出されたのは、初公判の直前。検察官もこうした事情を知っていたはずである。そのうえでなお「なぜここまで慰藉の措置が遅れたのか」と厳しく問責することは、そもそも被告人が全面否認で争うという姿勢を示すこと自体が、すでにペナルティの対象として扱われていることにはならないのだろうか。家族親族を含めた被害者への物心の慰藉が、判決において考慮の対象となることは筆者も知らないわけではない。青臭さを失笑されるかもしれないが、筆者の疑問は晴れなかった。

しかし一方で、このときに次のような発言があったことも報告されている。

「警察の人は、ぼくを犯人にしようとしている。ぼくは信用させる振りをしているけれど、誰にも心を許していない」

それを聞いた母親が、弁護士さんは味方だから何でも話していいのだ、と伝えると、「弁護士にも心を許していない、安心していいと弁護士は言うけれど、医者も弁護士も、誰も信じられない」。母親は、今まで人を信じられないなどと言う子ではなかった、こんなことを言う子ではなかった、それがショックだった、とも述べた。

おそらくこれらの発言をどう受けとめるかが、後の展開に大きな影響を与えていく。

ここで被告人が述べていることは、一方では「ものすごくバカにされたから、お風呂に沈めることになった。ごめんなさい」と加害を認める発言であり、もう一方では、「警察は自分を犯人にしようとしている、誰も信用していない」と、関与の事実を否認する内容の発言になっている。

弁護団がこの後、弁護方針をめぐって紆余曲折を見せたことは述べたが、すでにこの時点で、捜査側は被疑者の事件への関与のみならず、殺意をもって死に至らしめたという事実を確信したろうし、一方の弁護側は、取り調べにおける意図的で誘導的な介入を強く疑ったはずである。

言い換えるならば、ここから公判開始に至るまでのあいだ、被告人の人間像が二分されていく、その最初のエピソードをここに見ることができるのである。

「**女の子にあやまりたくてほんとうのことをしゃべった**」

母親は遺族の代理人からも厳しく問い詰められた。前日の法廷に立った被告は、なぜ自分が犯人であるとほんとうのことを語るつもりになったのか、と問われ、ちゃんと証言をして被害者の女の子に謝りたかったからだ、と繰り返していた。この点について遺族の代理人は問い質した。

代理人「一二月二三日の法廷（第二回公判）で、弁護人の『この二年間、どんなことを考えてきたか』という質問に対して、被告人は『ただひたすら謝ることを考えてきた』と答えている。二年間ひたすら謝ることを考えてきたのがほんとうだとするなら、面会の際、それをあなたに訴えて当たり前だと思うがどうか」

証人「この件だけではなく、謝りたいというのは聞いたことがありませんでした。事件のことには触れない二年間でした」

代理人「意図的に避けたいと思って、話さなかったのですか」

証人「裁判のことを弁護士に一任した時点で、私は母子関係を修復するために面会をしました。だから、事件のことに触れたり、尋ねたりすることはできませんでした」

代理人「弁護団とは、何度も打ち合わせをしてきたのではありませんか」

証人「打ち合わせというほどのことはしていません」

代理人「弁護団は『犯人性を疑う』という訴えをしていました。知っていますね」

証人「聞いています」

代理人「その根拠は何だと言っていましたか」

証人「指紋の（再）鑑定を出したらしいことは、聞いています」

代理人「DNAの結果については、聞きましたか」

証人「知りませんでした」

代理人「それを聞いたのはいつですか」

証人「昔のことではないですが、はっきりとは覚えていません」
代理人「犯人ではない、ということを聞いたのは」
証人「確定的なことは、聞かされていないかもしれません」

母親は、まだ、もがき続けているのではないか。応答を聞いていると、そう感じさせられる。いくつか問いただした後、被害者遺族の代理人は、母親への尋問を次のように結んでいる。

代理人「この間、被害者と遺族は、一切埒外に置かれていました。亡くなったYちゃんがどんな思いで死んでいったか、片時も忘れることなくこの二年間を過ごしてきました。謝罪は届かないかもしれない。しかしこの二年間、あなたはもっと真剣に事件に向き合うべきだった。違いますか」
証人「おっしゃる通りです」
代理人「あなたはR君と未来を語ることができる。Yちゃんには未来はない。私たちは、もう語り合うことはできません。どんな気持ちで過ごしてきたと思いますか。あなたの謝罪は手紙だけですか」
証人「どうしていいか分かりませんでした」
代理人「目の前の事実に向き合ってください。弁護人はこんなことを言っています。『供述が定まらなかったところもあります』。私たちには、この二年間、（あなたも被告人も）ちっとも反省していないように見えます」

このように問いただす遺族の代理人に、批判めいたことを述べたいのではなく、被告人と同等に、あるいはそれ以上に保護者（母親）が非難の対象となる裁判。ここに、この裁判の難しさと特殊性があるように思えた。わたしはこの公判でのやり取りを傍聴しながら、幾度となく、この裁判はいったい「だれ」の、「なに」が裁かれているのだろうか、彼らにわたしたちはほんとうに深い理解を届かせていただろうか、という複雑な気持ちに襲われていた。

（書下ろし）

4 ある判決、噴出する批判　アスペルガー症候群と裁判員裁判

——二〇一二年大阪・平野区実姉殺害事件から

＊二〇一二年七月三〇日、大阪地方裁判所（以下、大阪地裁）が下した一つの判決が、大きな反響と批判を呼び起こした。弁護団はすぐに控訴。わたしはその控訴審を傍聴し、弁護団へ話を伺うなどの事件取材の後、『ルポ闘う情状弁護へ』（論創社・二〇二〇年）としてまとめた。まずはそのプロローグ部分を、以下に引用する。

▼波紋を広げた「量刑の理由」

罪を問われたのは四〇代男性。被害者は、男性の毎日の生活援助者であった実姉。罪状は殺人。検察官が示した「犯行にいたるまでの経緯」、あるいは「犯行時の事実の認定」については、本人弁護側双方ともに争いがなく、量刑が最大の争点となっていた。

検察官は、強い殺意にもとづく犯行であり、結果が重大であること、母、次姉、被害者の夫など、被害者遺族の処罰感情には強いものがあり、できる限り刑事施設への長期の収容を望んでいること。犯行にいたる経緯、動機が身勝手で悪質であり、被告にはいまだ真摯な反省が見られないことなどを理由として、懲役一六年の求刑を申し渡していた。

一方、弁護側は、被告男性が一〇歳より三〇年に及ぶ引きこもりの生活を続けており、逮捕後の精

神鑑定では「アスペルガー症候群」（現在は使用されていない診断名であるが、本稿では、当時のままこちらを用いる）と診断されたにもかかわらず、犯行に及ぶまで全く支援のない状態であったこと、姉への怨恨は、生活実態の窮状や障害によって引き起こされたものであることなどを訴え、保護観察付の執行猶予付き判決を求めていた。

裁判所が下した判決は求刑の一六年を超え、有期刑では最長となる懲役二〇年が言い渡された。この事実がまず世間の注目を集めた。それとともに驚かせたのは、判決理由として、以下のような記載がみられたことだった。

「（量刑の理由）

…（略）…　すなわち、被告人は、本件犯行を犯していながら、未だ十分な反省にいたっていない。確かに、被告人が十分に反省する態度を示すことができないことにはアスペルガー症候群の影響があり、通常人と同様の倫理的非難を加えることはできない。しかし、健全な社会常識という観点からは、いかに病気の影響があるとはいえ、十分な反省のないまま被告人が社会に復帰すればそのころ被告人と接点をもつ者のなかで、被告人の意に沿わない者に対して、被告人が本件と同様の犯行に及ぶことが心配される。被告人の母や次姉が被告人との同居を明確に断り、社会内で被告人のアスペルガー症候群という精神障害に対応できる受け皿が何ら用意されていないし、その見込みもないという現状の下では、再犯のおそれが更に強く心配されるといわざるを得ず、この点も量刑上重視せざるを得ない。被告人に対しては、許される限り長期間刑務所に収容することで内省を深めさせる必要があり、そうすることが、社会秩序の維持にも資する」

この判決に対し、ただちにメディアは反応した。「保安処分」ということばを明記する社説さえ見られた。報道を受けた関連団体からは、次々と抗議声明が出されていった。そのなかから適宜拾い上げてみる（文責は佐藤、肩書はすべて当時のもの）。

「1．障害を理由に罪を重くすることは差別ではないのか」「2．発達障害を正しく理解した上での判決となっているのか」「受け皿が用意されていないこと、その見込みもないというのは本当か」（日本発達障害ネットワーク　理事長　市川宏伸）

「この判決には、アスペルガー症候群に対する無理解および偏見があり、少なくとも五つの問題点がある」「アスペルガー症候群であるからといって、反省ができないというのは明確な誤認である。……自己の行動の意味を理解し、社会のルールの意味を理解することができるような適切な支援が根気強くなされれば、十分に反省することは可能である」「（2）……アスペルガー症候群であれば、まるで、意に沿わなければすぐに犯行にいたるかのような認定は、何ら根拠のない偏見と差別に基づくものである」「（3）……そもそも、成人した本人と親・きょうだいが一緒に住む義務はないし、『社会の受け皿』はグループホームやケアホームなど、社会が提供すべきものであり、安易な家族責任論に立脚している」（日本自閉症協会　会長　山崎晃資）

「……同判決には、少なくとも看過することのできない2つの重大な点がある。／第1に、刑法の責任主義の原則に反する点である。……まさに保安処分の理念に基づいて量刑判断がなされたものと言わざるを得ない」「第2に、発達障害の特性及び発達障害者支援法の趣旨への無理解に基づき、発達障害者に対する偏見、差別を助長するおそれがある点である」（大阪弁護士会　会長　藪野恒明）

その他の抗議声明も同様に、アスペルガー症候群に対する理解の欠如、偏見を増長しかねない差別的見解であり、再犯の危惧故に刑事施設に長期にわたって収容する必要があるとする主張は保安処分である、などがニュアンスの濃淡こそあれその批判内容だった。

▼いくつかの疑問

二〇一二年のこの時期に、いまだにこのような見解がもたれ、それが刑事裁判という他のどこよりも公的な場で〝判決理由〟として述べられる。そのことに、まずは、信じがたいという気持ちが湧きおこった。まして裁判員裁判によって示された見解である。信じがたいことではあるが、これは、少なくとも社会の最大公約数的な声であると考えなくてはならない。わたしたちの〝障害者観〟は、いまだこのようなものだったのである。

わたしは複雑な思いを抱いてもいた。「反省や贖罪の感情の乏しさ」「共有のしにくさ」は、自閉症スペクトラム障害の特徴の一つである。またその特性がさまざまな場面でミスマッチを作り、激しい行動障害や感覚過敏をもたらし、それが生活障害となり、重篤化したとき家族も現場も対応に苦慮する（もちろん、最も苦しいのは当事者本人である）。

引きこもりの生活が始まり、家族ともコミュニケーションを閉ざし、思いつめた果てに到り着く重大事件は、新幹線内での殺傷事件としてつい最近も社会に衝撃を与えたばかりだった。もちろん、引きこもりと自閉症はイコールではない。自閉症青年が引きこもるわけではないし、引きこもる青年たちが自閉症であるということもない。

いずれも孤立のなかで、家族や本人は直接的・間接的にＳＯＳを発信していたことが推測される。公判で、検察官と弁護人はどのような論議をしていたのか。裁判員はそれをどう受けとめ、どんなプロセスを経て結論にいたったのか。裁判員制度の仕組み自体に問題はないか。あるいは裁判員裁判にとどまらず、現在の刑事司法全体の問題が、ここから燻り出されるのではないか。（引用はここまで）。

▼被告男性の生活史

この、二〇一二年に大阪市平野区で起きた実姉刺殺事件は、判決までは注目されずにきた事件だった。ところが被告男性のアスペルガー症候群をめぐり、判決内容があまりに差別的であると大きな反響を呼ぶことになった。詳細については拙著をお読みいただきたいが、ここでは加害男性がどのように姉への〝恨み〟を募らせ、実行行為に至りついたのか、その足跡を追いかけてみたい。

(1) 引きこもりの発端

男性は二人の姉、両親との五人暮らしだった。小学校五年よりいじめのために登校できなくなり、自室に引きこもる生活が始まる。上の姉との大きな〝ボタンの掛け違い〟が生じるのは、中学校入学のときだった。本人は、自分をいじめる人間のいない通学区域外の中学校への進学と、転居を願っていた。しかし実現しなかった。どんな事情があったかは明らかでないが、転校できなかったのは姉のせいだと恨みを抱え込んだ。男性が一四歳の時、上の姉は下の姉を連れて家を出たというから、このとき、男性と姉たちとの関係は悪化していたことが推測される。

(2) 被害感情の増幅

一七歳になったときに男性は両親とともに転居をするが、間もなく、近所に姉たちが暮らしていることを知る。このとき男性は両親に、自分を虐めていた人間と離れることができれば引きこもりの生活から脱することができる、遠くで暮らしたいと懇願している。しかし果たされなかった。家は姉たちの近所の文化住宅で、探したのは上の姉だった。

強く不満を持つも、いったんは入居する。しかし中学時代の後半から始まった不安症状や聴覚過敏は進んでおり、近隣の音が耐えられない、機械の音が頻繁に聞こえてくるといった理由から一日で戻ることになった。姉はわざとこんなうるさい家を、しかも自分のところから近い場所に選んだ、一人暮らしを邪魔しているのだ、と男性はさらに恨みを募らせた。

こうして引きこもり生活が六年ほど続くなかで被害感情は増大し、過敏症状を深刻化させている。この負のスパイラルの中にあっても、何らかの支援につなごうという話は報告されていない。

(3) 重篤化する強迫神経症と自殺念慮

二〇歳になった時に父親が他界し、母親との二人暮らしが始まった。経済状況が一気に悪化し、母親が働くようになったが、とても足りるものではなかった。姉たちは、母親を通して生活保護受給を奨めるようになったが、男性は役所職員との面談を拒否し続けた。この頃から、家族間での直接の会話ができなくなっていた。家族のなかで母親だけが辛うじて男性とつながっていたが、筆談が主で、会話を交わすにしても壁越しか襖越しに話すという状況だった。

強迫神経症はさらに激しくなっていく。物に触れることができない、触れた後には何時間も手を洗わなくてはならない、接触不安がなくなるまで風呂に入り続ける、といった極度の接触恐怖に追いこまれていた。もう将来はないという不安が募り、自殺念慮に襲われるようになった。

このとき男性は身の回りの整理を試みている。部屋にあった大量の雑誌やビデオテープは死ぬ前に始末しなくてはならない。しかし外に捨てに出ることはできない。そこで男性は、すべての物品を細かく千切り、トイレに流すことを思いつく。一年から二年かけて男性はこれを行なったという。

(4) 姉とのさらなる確執

この間も、姉たちからは生活保護のための手続きを奨められていた。それを拒否し、男性と母親の生活費を姉たちが負担する生活が続いていた。部屋はひとまず片付いた。次に自殺する方法を考えなくてはならなかった。インターネットで検索をすれば、その方法を知ることができる。男性は母親を通じ、上の姉にパソコンの購入を依頼した。姉も豊かな生活をしていたわけではない。男性には、経済的負担を与えれば姉も困るだろうという思惑があった。

姉が買い与えたのは中古のパソコンであり、ここでも激しくすれ違った。極度の潔癖症だから、だれかが使った中古品に触れることはできない。加えて、プロバイダーに接続しなければインターネットはできないのだが、男性はその知識をもっていなかった。姉は壊れたパソコンをわざと買い与えた、触れることのできない中古品を買った、パソコンを使ってインターネット検索をすることを邪魔している、自殺させないようにしている。激しくそう思いこんだ。それから幾度か新品のパソコンを購入してくれるように依頼したが、姉は応じなかった。

これが、男性が三四歳から三六歳ころにかけてのことだった。恨みは膨らんでいたのだが、この時点ではまだ、姉に対するはっきりとした殺意をもっていたわけではなかったという。

(5) 東日本大震災がもたらしたもの

二〇一一年三月一一日、東日本大震災が発生する。この大惨事が思いもよらないかたちで男性に衝撃を与えていた。震災のあと、津波によって街が破壊されていく映像がくり返された。一日一日と数を増していく死者・不明者の数。自分は死にたいと考えて準備をしてきた。しかしこうして生き延びている。被災地では、死にたくなかった人たちがたくさん死んでしまった。こんなことをしているわけにはいかない、一刻も早く死ななくてはならない。震災は、そうした考えを男性に植え付けることになった。

震災から一カ月を経たころ、母親が足の血栓で入院をするという事態が起きた。母親は職を失い、収入が途絶えた。入院中のひと月ほどのあいだ、母親に代わって生活用品を届けるようになったのは上の姉だった。男性は震災で動揺し、母親の入院でさらに混乱していた。姉との衝突も頻繁になった。母親の退院後も、生活費の用立てくらいは自分でするようにという、姉からすれば当然の要求が繰り返された。男性には簡単にできることではなかった。姉は自分を窮地に追いこもうとしていると腹を立てた男性は、母親に暴力をふるってケガを負わせ施設へ入所させれば、その間は姉が世話にやってくる。やってきた姉を刺し、自分も死のうと策をめぐらせ始めた。

この間も姉は生活保護の受給を奨め、それを実現するために福祉センターへ相談に通い始めていた。福祉センターの職員には精神科クリニックへの受診を奨められた。しかし本人は頷かなかった。それどころかほんとうに母親へ暴力をふるい、ケガを負わせてしまった。母親は区役所の措置によって緊急保護となり、福祉センターは、男性の精神科クリニックの受診を決定した。男性はさらに追い込まれた。

(6) 犯行行為を決断する

二〇一一年七月一三日。生活用品を届けに来た姉は「食費やその他のお金は自分で出しなさい。買い物はするから」というメモを残して帰った。それを見たとき、姉には自分を助けるつもりはない、逆に報復してきたと受け止め、「コップの水があふれるように、殺意が溢れてくるのを止めることができなかった」(一審の被告人質問での証言)という。

自分も死ぬ、しかし姉への恨みを残しておくことはできない。死ぬ前に命を奪う。そう決心し、台所にあった包丁を自室へと持ち込み、犯行に備えた。姉が自分の家に来て、台所の奥にいるところを襲う、玄関から近い方の廊下を通って台所に行けば姉の逃げ場を封じられる、と殺害方法を考えた。

惨劇は、七月二五日に起きた。「決心してから一〇日以上過ぎているが、一度も迷わなかったのか」、と裁判官に尋ねられた被告男性は、「迷いました」と答えている。しかし男性には衝動を止める力は残っていなかった。姉の病院搬送後、自殺を試みている。浴室を目張りし、薬品（洗剤）を混ぜ合わせて硫化水素ガスを発生させる、という方法をとった。しかし白い煙が少し出ただけだった。次に、母親に買い置きさせていたアルコールを大量に飲み、急性アルコール中毒になることを試みた。そのさなか、踏み込んできた警察官に取り押さえられた。

▼若干の考察

見てきたように、男性は姉の行動の一つ一つに恨みを募らせているが、そんな姉へなぜさまざまな用立てを依頼し続けたのかという疑問がわく。経済的な屋台骨は姉であり、不本意ではあっても姉を頼らなければ自分の生活は成り立たない。そのことを、おそらく男性は分かりすぎるほど身に染みていたのではないだろうか。

恨みを抱きつつも、一方では抜きがたい依存心をもっていた。依存すればするほど反発する気持ちは強まる。反発はさらに依存心を強くする。反発や確執を激しくすることでむしろ姉とのつながりが強まり、ますます〝出口なし〟の状態に陥っていく。ここから脱出するためにはどちらかの、あるいは両者の「死」しかないというところに追い込まれていった。

外形的に見れば、「逆恨み」という一見分かりやすい動機形成となっている（検察側もそのような「動機」として示した）。しかしさまざまな要求を出しながらも、姉はサポートすることを止めていない。自分への非難が高じて危害が及ぶことを感じとっていたかどうかは定かではないが、最後まで見棄てていないのである。家族という独特の閉ざされた場であることを考えると、支援「する―される」という関係が、外からは窺い知れない共依存的な関係をこしらえあげていたのではないか、という推測をわたしは捨てきれずにいる。

男性や家族がなぜ長い間、福祉や医療の支援を求めなかったか。これは取材に入った当初からの大きな疑問だった。シロウトが下手な心理分析をすることは慎まなくてはならないが、「自分を助けてくれるのは第三者ではなく、姉しかいない」とどこかで感じ、また男性はそれを願っていたのではなかったろうか。

「助けてほしい」という姉への思いが痛切になればなるほど、「助けてはくれない姉」が、そこに現れてしまう。姉が助けてくれなければ、見捨てられてしまえば、残された道は、もはや死しかない。自罰と他罰が、男性のなかで分かちがたいものになっていたのではないか。「なぜ外部に支援を求めなかったのか」という取材当初に抱いた疑問にたいし、このような推測をひそかに持ったのであった。

▼支援の現場からの感想

わたしは一〇数年にわたってあるNPO法人での事例検討会に参加させてもらっているが、こうした出口の見えにくい共依存の心理に苦しめられるケースが、時に報告される。そこで登場するのは、言うまでもなく過酷な人生を生き延びてきた人たちである。驚くことは、このような依存と自立の強い葛藤に、年齢の上限はなさそうだということである。そしてさまざまなあり方をしている。

葛藤をもたらす対象は、長きにわたって絶縁状態にある実在の妻子であったり、すでに他界した両親という幻想の家族にあっても、同様に（むしろ強さを増すようにして）存在することもある。あるいは支援職員との葛藤や軋轢として報告されながら、よくよく解きほぐしていくと、家族の代理として一人の職員が選ばれていることもある。そこでの彼、彼女は、誰よりも親身になってかかわり、利用当事者も信頼や親和的な感情を持っているのだが、深いところで、そのことが葛藤を作り出していく要因となっているというケースにぶつかることもある。ここでの生活支援は信頼をつくり上げることから始まる。しかしその関係が、ときに葛藤や苦しみを生み出す場ともなる。

どうすればもつれにもつれた葛藤を、少しでも和らげることができるだろうか。このとき、わたしたちの生活支援にあっては、些細なエピソードでもいいから、「人生のヒストリーの共有」を目指したらどうか、という方向で話し合いが進んで行く。もちろんそのヒストリーは、事実として「真か偽か」は問われない。共有の過程でストーリーは新たなエピソードを加えながら、少しずつ変更されていく。もちろん、なぜそのように変えるのかも問わない。

重要なエピソードは伏せられていることが多く、時間をかけて現れてくる。はじめ、葛藤という主題を色濃くさせていたヒストリーは、どうすれば「折り合い」という方向に向かっていくことになるか。自分と、他者と、社会（世間）との、折り合い。そこにおいて、生活や関係の破綻、ひいてはさまざまな逸脱行動を未然に防ぐことができるかがめざされることになる。

なにが回復に資することになるかは、一筋縄ではいかないのだが、生活支援の場で話し合いを重ねながら、このようなところを共通の目標として取り組んできた。大阪平野区のこの事件を取材し、執筆をつづけながら、事例検討会に取り上げられてきた幾人かのケースが思い起こされていた。シロウトが迂闊に「診断」の真似事をすることは自制しなくてはならないが、この青年が見せていた症状（状態像）は、元々の気質に加え、長期にわたる「引きこもり」という生活により相乗的にもたらされた、むしろ二次障害的なものだったのではないか、というかすかな疑いをもつ。

ともあれ、「社会内で被告人のアスペルガー症候群という精神障害に対応できる受け皿が何ら用意されていないし、その見込みもないという現状の下では、再犯のおそれが更に強く心配されるといわざるを得ず」という一審判決に見られた件は、支援の現場でわずかながらもサポートをしてきた者からすれば、やはり、はっきりと異論を述べておく必要があると感じる。

生活破綻や犯罪行動を、どう未然に防ぐことができるか。なにが回復に資することになるか。生活支援の場で一〇年以上事例検討会議を重ねながら、このようなところを共通の目標として取り組んできた。複雑な心理的葛藤や屈折を深く抱え込む人の生活支援は、どうあることが望ましいのか。そのことを改めて考えさせられる、そのような判決だった。

（初出「発達障害と重大犯罪　生活支援から見たその二次障害について」「そだちの科学」二〇一〇年一〇月）を大幅に改稿

＊記しているように、この大阪地裁の判決とその要旨を最初に目にしたとき、少なからぬ衝撃を受けた。このとき直感的に二つのことが頭に走った。ここに見られる偏見と差別性は、人間の心理に根差すそうとうに根深いものではないかということが、一つだった。人権とか、共生とか、インクルーシブ（社会的包摂）などと言われ、一見、それは少しずつ実現しているように見えるが、そんなに簡単に変わるものではないということ。したがって、いつどこからでも、何かきっかけがあれば噴き出してくるだろうということである。刑事公判廷という第一級の公的な場であったから、上級審で速やかに訂正されたけれども、人心は簡単に訂正はできない、しない。そのことが強く思われた。もう一つは、社会の底の方で、悪意やら差別心やら嫉妬やら、あるいは敵意やらが、相当にしぶとく積もりに積もっているのではないか、ということだった。

わたしのこの嫌な予感ははるかに予想を超えた、もっと情け容赦のないかたちであらわれた。二〇一六年の、神奈川県相模原市で起きた「津久井やまゆり園事件」である。これについてはすでに一著を著し（『津久井やまゆり園「優生テロ」事件、その深層とその後』現代書館、二〇二二年）、またここでも別稿を用意しているが、ともあれ、わたしのなかではこの事件判決の底にある大衆心情と、やまゆり園事件の加害者の背後の社会心情とは連続していた。この章を閉じるにあたって、その点を付記しておきたいと思う。

第二章

新・少年事件論

——「保護か厳罰か」の対立を超えて

5 「逆送少年」の刑事裁判について

――二〇〇六年「寝屋川、奈良、板橋」、それぞれの判決から

▼はじめに――三件の重大少年事件に見る、それぞれの判断

二〇〇六年の一〇月から一二月にかけて、注目すべき三件の少年事件の判決・決定が示された。三件ともに全国紙の一面トップで扱われる重大事件であったが、興味深いことに、それぞれが三様の特徴を示す判断となっていた(以下の記述は、初出時のものをそのまま踏襲している)。判決・決定の概要と特徴は以下のようなものである。

【大阪・寝屋川のケース】

〇六年一〇月一九日、**大阪地裁が懲役一二年(求刑は無期懲役)の判決**。

この事件は、〇五年の二月に大阪府寝屋川市の小学校で起きたものである。当時一七歳の卒業生が学校に訪れ、対応に出た男性教諭を突然、包丁で刺殺し、二名の女性教職員に重傷を負わせる、という被害の甚大な事件であった。少年が広汎性発達障害と診断されていること、不登校となり、激しい被害感情と攻撃妄想を常態としていたこと、「特殊な気分状態」(鑑定医の言葉)にあったことなどから、殺意、動機、責任能力の認定が公判での争点となったなど、詳細はすでに述べた。

【奈良のケース】

〇六年一〇月二六日、**奈良家裁が中等少年院送致を決定**。

〇六年の六月、医師になるよう父親に勉強を強要され、幼少期から暴力をも受けていた一六歳の少年が、父親を殺害して家出しようと決意。事件当夜、父親は不在だったが、翌日になれば保護者会があって、成績に関してついていた嘘がばれてしまう、という追い込まれた気持ちから自宅に放火。二階に就寝中だった継母と異母弟妹の三名を死亡させるに至った。

この少年も広汎性発達障害と診断されており、加えて父親による幼少期からの暴力により激しい抑うつ症状も見られると判断された。奈良家裁の保護処分の決定は、奈良地検が示した「確定的殺意をもっておこなわれた犯行であり、公開の裁判の場で罪の自覚を」、という主張を全面的に斥けたものだった。

逆送を規定した改正少年法二〇条第二項「ただし……この限りではない」という条文によって（以下、「ただし書き」）、家庭裁判所が独自に保護処分を選択する余地は残されているが、原則逆送の制度導入後、これほど社会的影響の大きい事件に対する保護処分の決定は、もはやそれ自体が異例のものとなっている。

【東京・板橋のケース】

〇六年一二月一日、**東京地裁が懲役一四年（求刑は一五年）の判決**。

事件は〇五年六月、社員寮の管理人をしていた父親と、同じく社員寮の賄いをしていた母親を殺害し、管理人室をガス爆発させたものである。判決は、検察側の見解をほぼ全面的に受け入れたかたちとなった。現在、弁護側が控訴中だが、犯行当時一五歳の少年の殺人事件にあっては初の実刑判決で判決だった。

事件当時、少年は一六歳に達しておらず、原則逆送事件には該当しない。改正前の少年法では一六歳未満の少年の逆送を禁じる条文があったが、それを削除することで適用年齢を引き下げた。このケースは結果の重大性が保護処分の限界を超えると判断され、逆送措置となった（一六歳未満の逆送事案は、過去に一回あるのみ）。ちなみに家裁調査官は刑事処分相当、鑑別所技官からは保護処分相当という、はっきりと分かれた意見書が提出されたという。一六歳未満の少年による事件では最長の判決だった。

複数の被害者が出ていること、場所が学校だったり、自宅を延焼・爆発させたりするなど近隣住民への影響が甚大であることなど、いずれも大変に深刻な事案であるが、ご覧のとおり、判断がはっきりと分かれている。

ただしここに取り上げた三通りのケースを単純に比較して、判決・決定が重いとか軽いとか言いたいのではない。背景事情がまったく異なっているのだから、簡単に比較できるものではない。判断が大きく分かれるといった事態は、少年法改正以前にも少なからず散見されたはずである。しかし、決定を下した裁判官（裁判所）の考え方の相違に帰すことのできないものを、ここから受け取る。

原則逆送制度を導入して以降、少年の審判・裁判は大きなジレンマを抱えることとなった、というのがわたしの判断であるが、その点について少しばかり考察を試みたいというのが本稿での趣旨である(*1)（誤解されることはないと思うが、保護処分か刑事処分か、是非はどちらか、と問いたいのではない。そうした二分法的思考ではもはや立ち行かない事態になっている）。

▼少年法がもつ二つの側面

少年法は、実はなかなか分かりにくい法律である。わたしなりに思うところを申し述べるなら、まず、大きく二つの理念から成り立っていることが理解される。一つは少年をどう更生させるかという、教育と福祉を柱とした教育法的側面であり、もう一つは、責任と刑事罰を柱とした刑事法的な側面である。むろん戦後少年法は大いなる保護主義であるのだが、ことの性格上、片足を刑事法に置くのを避けることができないことが、おそらくはある分かりにくさを作っている。教育と刑罰は元々馴染みにくいものである。

だからむしろ、少年法とは刑事罰を与えるための法律ではない、非行に手を染める少年だからこそ、福祉的保護と、教育の機会を回復させる法的手続きが必要なのである、と割り切って言ってしまったほうが、よほどすっきりする。この点をはっきりさせれば、戦後策定された日本国憲法や教育基本法と、同じ理念や同じ流れのなかにある法律であることが分かる（少年院もまた懲罰のための場所ではなく、教育のための場所である）。

ところが、わたしたちの多くが誤解してきたような気がする。ある少年が重大事件を起こし、逮捕される。ここで、一件落着、あとは法の下で裁きを受け、刑事罰を受ける手続きが待っている、と考えがちだが、それは早計である。彼を待っているのはどう罰を与えるかではなく、どのように人格特性に適した教育を与えるか、どう社会復帰を果たさせるか、それを保障するための法の手続きなのである。

戦後、少年事件の増減にはいくつかのピークがある。しかし世間の耳目がいまほど少年事件だけに注がれることはなかったし、検察官送致という刑事法的手続きに乗せてきたのは交通業過事件や道交法違反事件が過半であった。一般の少年刑事事件での逆送は、総数の〇・五パーセント前後で推移してきた。逆送は、これまではむしろ「選りすぐり」の、きわめて例外的なケースだったのである（ちなみに家裁が受理する保護事件の総数はおおむね二〇万件ほど。そのなかで重大事件はほんのひと握りである少年審判本来の仕事はむしろ窃盗や恐喝といった、多数の非行事案の方だと言ってよいくらいである）。

ところが、九〇年代に入り、マスメディアによって少年事件が注目を浴びるにつれ、社会不安の増大とともに刑事法的側面に目が注がれるようになる。その結果たどり着いたところが〇一年の改正であることは周知の事実であり、その趣旨を簡単にいえば、重大事件に対する刑事法的側面の強化である（少年法改正の後、教育現場の混乱の収束と規範の引き締めを目的として教育基本法が改正され、さらには堂々と軍事力が行使できるよう、日本国憲法の改正を組上に載せようとする動きも、当然ながらこれらと同じ文脈、同じ時代風潮のなかにあると考えられる）。

▼改正少年法が浮き彫りにさせた課題

いまわたしは、少年法改正の趣旨を刑事法的側面の強化と書いたが、事情はもう少し複雑で、一律非公開だった重大少年事件を公開の法廷に載せることで、社会的批判を仰ぐというもう一つの目的ももつ。しかしこれは、じつは諸刃の剣である。

改正少年法五五条には、刑事法廷における事実審理の結果、保護処分相当と認められるときには家裁移送を決定しなければならない、とあるが（五五条移送）、実際にはほとんど〝死に条文〟となっている。[*2] 原則逆送となって以後の殺人の事案で、刑事裁判の場で家裁再移送と判断されたケースは一件しかない。つまりは家裁が逆送を決定した時点で、まず有罪が確定されたことを意味する（ここで、我が国の刑事法廷が九九・九パーセントの有罪率を誇る、という事実を思い起こしていただきたい）。

おそらくは、家裁における原則逆送の徹底は、政治的・内部的諸事情のなか、動かしがたい流れだろうと思う。しかし五五条移送がさらに死に条文と化し、原則逆送事案に対して家裁が無原則に逆送を選択する傾向が増大するようであれば、それこそ家裁は、刑事裁判所に移送するための中間決定機関、通過機関に過ぎなくなる。調査官の調査意見も鑑別技官の処遇意見も不要になるだろうし、つまりは、少年審判の基幹部分が形骸化しかねないのである。五五条移送の条文が活発化しない限り、家裁の役割はおのずとそうなっていく。これが一つ目の課題であるように思う。

もう一つは、原則逆送が徹底されるほど有罪判決を受ける少年は増加することになるから、次は必ず、少年刑務所における処遇内容に厳しい眼が向けられることになる。現在、法務省は、個別処遇プログラムの徹底化を図る通達を出したり、少年刑務所職員と、少年院や少年鑑別所職員との人事交流を行なう方針を打ち出したりしているが、事はさほど簡単ではない。少年を取り巻く社会環境や家庭環境の激変、少年自身が有する資質や発達障害の問題など、背景事情は複雑化しており、処遇は困難を極めているはずである。少年刑務所が本気でこれに応えるためには、多大な労力と時間とコストを要する。

ここまで触れてこなかったが、被害者救済の問題も無視できないものとして、もう一方にある。被害者が加害少年の必罰と重罰を願うのは当然である。司法全体が被害者への要望に応えようとする方向に舵を切ったことも、もはや動かしがたい流れである。そうであるからこそ、処遇内容の整備は急務の課題であり、さらに厳しい社会の眼が向けられるだろう。わたしなどは（対象が少年なので難しいかもしれないが）、何らかのかたちで、再犯や再入院に関する情報公開なども必要ではないかと考えている。

三つ目は、問題がやや抽象的になる。少年を対象とした刑事法廷という場では、被害が甚大な重大事件であればあるほど、弁護側と検察側双方の亀裂が深まる。この亀裂は、刑罰論が、応報刑論と目的刑論・教育刑論という二つの対立する立場を持ち、検察側が応報刑論の立場から被告少年を断罪し、弁護人は教育刑的立場から更生と教育を訴えることによる、といった対立にはとどまらないような気がする。

わたしは、寝屋川の事件における裁判を傍聴しながらこのことを感じていたのだが、弁護人による家裁の逆送判断に対する異議申し立ては、刑事裁判の場しかない。したがって弁護側は、家裁の逆送判断の違法性と、速やかな家裁再移送を訴えるため、被告少年の抱えもつ背景事情の複雑さを最大限考慮するよう強く求めることになる。つまり弁護側が拠って立とうとするのは、あくまでも保護と教育に立つ少年法の理念である。一方の検察側は、被害の甚大さとその残虐さ、社会的影響の大きさを訴え、法の正義が遵守されることを強く求める。被害が大きくなるほど刑事法的側面が強調され、重大事件であればあるほど、この亀裂は大きくなるだろう。

両者は同じ土俵に乗っていないと感じてきたが、少年を対象とする刑事裁判とはそのようなものなのだろうか。

▼板橋の事件について

板橋のケースにおいても、弁護側は五五条による家裁移送を求め、被告少年に必要なのは刑罰ではなく「育て直し」だと訴えた。少年審判の理念に全面的に立って争ったわけである。それに対して東京地裁は、そのいっさいを斥けた。どんな判断だったか具体的に見てみる。

事件に至るまでの概要は以下のようなものであった。

加害少年は事件当時一五歳と一〇カ月（高校一年）。家族は父親、母親と本人の三人だった。父親はいくつかの職歴と転居を経て、九四年より社員寮に住み込みの管理人となり、〇三年に、事件当時の勤務先である板橋の社員寮の管理人の仕事に就いた。

少年は小学校二、三年の頃から手伝いをさせられていたが、板橋に移ってからは仕事の量を増やされ、地下を含めた四階建ての建物の全フロア、トイレ、風呂場などの掃除が分担となった。母親は社員寮の賄いの仕事をしており、その手伝いも少年の仕事だった。平日は掃除を四〇分ほど、それから賄いを一時間ほど手伝うというのが日課だったという。

これだけであれば、父親への反抗心や敵意を作ることはあっても、殺意を形成させるまでには至らなかっただろう。少年が述べたところによれば、小学五年の頃から父親の態度や口調が激しく命令的になり、少年に手伝いをさせながら、父親自身は、夏の暑い日には冷房の効いた管理人室でテレビを見たりパソコンをしたりして過ごしていたというし、またツーリングが趣味で、オートバイを四台も買い求め、五〇着のライダースーツを持ち、家計の逼迫も省みなかったという。

さらには、少年が自分の意に添わないことをすると、少年の大事にしているものを取り上げたり、部屋から閉め出して物置で生活させる、といったことをくり返していた。少年はテレビゲームのなかに自分の世界をつくることで辛うじて父親から避難していたが、父親は叱責のたびにゲーム機を取り上げては壊した。少年は、時々小さな反抗を試みることがあった。すると、学校から戻ってくると部屋の鍵を閉められていて、中に入ることができなくなっていたり、物置状態になっていた管理人室で一カ月ほど生活させられたりしたこともあった。こうしたことがくり返されるなか、〇四年の九月頃から、いつか父親を殺してやろうと考えるようになり、学校で、友だちなどにも洩らすこともあったという。

母親も六年生の頃から父親に同調し始め、父親と同じような態度を取るようになった。少年は賄いの手伝いをしながら、母親からも父親と同じような叱責を受けていたが、母親に対しては愛情を感じていた。しかし母親は、少年が中三の三学期ころから精神的な落ち込みが激しく、「死にたい、死にたい」と少年の前でくり返すなど、欝と見られる状態になっていたという。

このような中、事件は〇五年六月二〇日の未明に起きた。一九日の夜一一時頃、少年が自分の部屋でテレビを見ていたところに、父親がいきなり入ってきた。「勉強したのか」と訊ねるので少年が問題集を示し、「やっていた」と答えたところ、「おまえは出来が悪いから、もっと勉強しろ」と怒鳴りはじめた。少年が激しく口答えすると、父親は少年の頭を押さえて振り回しながら、「おれはお前の頭とは出来が違う、小さい頃から働いて、真面目にやってきたんだ」などと激しく罵倒した。このことをきっかけに憎悪と怒りが一気に高まり、もう父親を殺すしかない、と決意した。

少年は実行の方法として、寮の談話室にあった鉄アレイを持ち出し、それで殴打することを思いついた。しかし、両親がそろっているときでは片方に気づかれてしまい、うまく実行できないと考え、母親が賄いの仕事に出かける早朝を待つことにした。二〇日朝五時半、母親が厨房に向かったのを確認し、就寝中の父親のところに行き、頭部を殴打して殺害。仕事から戻ってきた母親も包丁で刺殺するに至った。母親には相当数の刺し傷があるが、弁護人には、母親を殺害したことについてはよく理由を説明できない、と話したという。

さらに少年は、実行後の二〇日の午後、部屋のなかにガスを充満させ、タイマーを使って電熱器を過熱し、スプレー缶を破裂させることでガス爆発を起こさせた。その理由は、社員寮から逃亡したのち、父親と母親の遺体が長期にわたって放置されるのを懸念し、火葬するとともに、遺体の存在を周囲の人間に知らせることが目的だったと述べているが、その説明は必ずしも明瞭ではないという。

――以上が事件の概要である。

▼弁護人は何を訴えたのか

本件の主任弁護人である高岡信男弁護士は、この裁判に対する弁護人としての基本的な考えを、次のように述べた。

――親を殺すということは、親子間に、相当の事情があるだろうと思います。第三者を殺害してしまう少年が置かれた状況とはまた違う格段の事情がある。とくに生育歴、家庭の状況が重大であり、それが少年に与えた影響ゆえにこうした重大な事件に至るという理解になるはずですから、きちんと分析し、長年の歪んでいた生育歴を改善するためには、それにふさわしい処遇が望まれるべきだと思います。わたしどもは、父親も母親も子どもに対する愛情が不足しており、それゆえ、少年の人格面でも情緒面でも未熟だったと考えている。愛情のある大人のもとで生き直して、そのうえで社会復帰してもらいたいと思います。少年刑務所で刑罰を与えることが、長い生育歴を改善し、少年を社会復帰させる方法としてはまったく不適切です。――

公判における大きな争点が、両親、とくに父親の養育態度が虐待と言えるかどうか、父親の養育態度が少年の内面に影響を与えたか否かということだった。もう一つは、少年の殺意形成に至る過程をどう考えるか。犯行態様や計画性を考えたとき、その資質や性格が社会的に危険なものと見なしうるかどうかということであった。わたしなりにまとめてしまえば、きわめて不適切な養育が本件犯行の要因となったのか、養育はかろうじて許容範囲にあり、少年の身勝手な資質や性格ゆえに犯行に至ったと捉えるべきなのか、どちらを採るかという判断である。

父親は授業参観に出席するなど、世間的には問題はないと見られていた。また近所の人にとっても、管理人としてちゃんと仕事をしている、という印象を与えていた。しかし弁護人は、父親は人の目には見えない仕事を少年にやらせ、自分は周りの目に触れる玄関の掃除などをしていた点がうかがえるという。前述したような常軌を逸した叱責やゲーム機の遺棄などに加え、少年が小学生のとき、まるで自殺を教唆するかのように『完全自殺マニュアル』を机の上に置いていたことなど、父親には性格的な歪みがあったのではないか、とも弁護人は推測する。

ただし、世間的な見られ方と、家庭内において実際のところがどうだったかという点については、両親ともに亡くなっており、少年自身の言葉しか確かめられるものはなかった。したがって証言証拠としては、決定性を欠いてしまう。事実、地裁の判決では、少年の供述内容については再度検討を要する、という評価になっていた。一方の弁護人は、家裁調査官の提出した調査では、少年の言葉については多くが客観的な事実として認められているから、少年は本当のことを言っている、という判断だった。

両親のない少年にとって、今後の社会生活を営んでいくに当たっては困難を極めるのではないか、この点はどうだろうか、とわたしは訊ねた。

——少年は悔悟の情を見せており、母方の伯父夫婦も少年を引き取るということで、後見人に選任されています。伯父夫婦は被害者の親族であると同時に加害者の親族でもあり、大変に辛い立場にあるわけですが、こうした重大な事態を招くからにはそれなりの事情があったのだろう、ということで、処罰感情も厳しいものではない。少年だけを責めることが正しいことではないのではないか、少年の母親に代わって少年を育てることが自分たちの役割なのではないか、ということで後見人を引き受けました。少年の保護環境も整えられた、とわたしどもは考えています。——高岡氏はそう答えた。

▼裁判と証言について

裁判は、判決公判を含めて一一回開かれた。弁護人が証人として申請したのは、後見人夫妻、嘆願書を集めてくれた近隣住民、祖父、二名の精神科医、発達心理学専門の大学教授などだった。

嘆願書を出してくれた人は、一三五〇人にも及ぶ署名を集めている。その動機は何だったのか。周辺の住民がこの事件をどう受けとめていたか。こうしたことを話してもらうなかで、住民の人々が必ずしも処罰感情は強くない、と裁判所に理解してもらうことを目的とした証人だった。祖父母も少年院での処遇を望んでいた。

また家裁の調査段階で「発達障害の疑いあり」という文言があり、弁護人は、確認のため精神科医二人に東京拘置所に面会に行ってもらい、診察してもらったという。一人は四回、もう一人は二回面接した結果、発達障害の可能性はないと診断された。法廷では、「発達障害の疑い」という見立てに対しての意見や、少年の社会的危険性について、家庭環境の中で蓄積された思いが嵩じて犯行に及んだものであり、第三者や社会に対する危険性について資質的な問題はない、と述べた。もう一人の精神科医は、動機面について、少年に自尊感情の稀薄さがあり、これまでの母子関係や父子関係の中で蓄積していた不満が、父親の当日の言動に誘発されて犯行に及んだものである、と証言したという。

発達心理学を専門とする大学教授も、幼少期・少年期の発達課題の克服が不十分であり、少年が恐怖感と閉塞感に萎縮して成長したことなどを証言した。——確かに身体的な暴行や虐待が日常的に行なわれていたわけではない。しかし、父親の言動は少年の存在価値を全否定するものが多く、心理的虐待に相当する。少年にとって家庭や家族は、安心を与えられる場所ではなく、苦痛を与えられる場所だった。「おまえは馬鹿だ」「おまえは俺より出来が悪い」と日常的に言われつづけ、こうした言動が与えた悪しき影響は重大であり、このことが両親を殺害するという結果を導いた最大の要因である。

——おおむね、こうした主張だった。

弁護人によれば、これらの証人申請に関し、裁判所に認めてもらうのに苦労を要したという。裁判所は、なぜ必要なのか、家裁の社会記録ほかで十分ではないかといい、判決では、こうした専門家の見解はいっさい考慮されなかった。その他に申請した証人としては、元法務教官、元家裁調査官、少年法専攻の大学教授、父親・母親とそれぞれ交際のあった人などがいたのだが、これらの申請は棄却された。

前述したように、父親はバイクを四台、ライダースーツを五〇着ほどもっていた。以前の会社が一度倒産し、人員の縮小のために板橋に移ってくるが、それ以降、父親の給料は下がり、管理人の仕事だけでは生活が厳しいという理由で、母親も社員寮の賄いのほか外のパートに出ることで家計を支えていた。出費は父親のバイク関係のものが多く、母親がパートで働いてはいたが、それでも不足は生じていたろうという捜査記録がある。しかしその捜査記録も検察官が不同意にし、証拠採用されなかった。

検察側は中学時代の同級生を証人として召喚した。同級生たちの、少年に対する評価は分かれた。ごく普通の少年だと証言する同級生もいたが、一人は、彼はちょっと嘘をつくときがある、どこかへ行く約束をしたとき、おばあちゃんが死んだと、事実ではないことを言うのを聞いた、と語った。また少年自身、プライドが邪魔をして管理人の仕事をしていることは人前では言えなかったと話しており、少年の日常を知っている友人はごく少数だったはずだと弁護人は言う。

証人申請についてのこれらの事実が、裁判所の判断にどんな影響を与えたのかは定かではないが、少なくとも少年を有利にしなかったことは推測されてよい。

▼裁判所はどう判断したのか

さて、では裁判所はどんな判断を示したのだろうか。結論から述べるなら、弁護側の訴えはすべて斥けられた。二つの殺害行為は強い殺意にもとづく計画的なものであり、その態様も冷酷かつ残忍、悪質きわまりない。殺害後の管理人室を爆発させたことも、大きな物的被害や社会不安を与え、人命にも被害を及ぼしかねないものである。生育状況についても、虐待やそれに類する不適切な養育を受けていたと認めることはできないとし、その理由を次のように述べた。

平日の手伝いは帰宅後の二時間程度に過ぎず、夕食後から就寝までは自由な時間を与えられていたし、休日も二時間ほど掃除をすればあとは自由であった。頭ごなしに従わせていたという面はあるが、不当に交友を妨げていたとまでは認められない。ゲーム機の破損については、少年が再度購入したと述べているように、主要ではあるが代替可能な娯楽品に過ぎず、父親の行為が心理的虐待にあたるとまではいえない。継続的な暴行を受けていた事実もないし、「ばかやろう」といった言葉も、通常の叱責の範囲に過ぎない。また精神的疾患も認められない。──

こうして父親の養育態度の不適切さの訴えは斥けられた。ここから判決は、少年自身の資質や性格について述べていく。

──したがって、被告少年が両親に募らせていた憎しみや不満は、はなはだ身勝手なものである。その身勝手な不満を背景に、前夜の出来事が引き金となって父親の殺害に及んだもので、犯行動機は短絡的、独善的で、汲むべき余地はない。また公判での供述内容からは、犯行を真摯に受け止め、衷心に反省し、悔悟するにはいまだ至っておらず、これらの事情から、被告人の性格・資質には大きな問題があり、内省を深めるとともに、その改善を図る必要がある。その健全育成を図るためには、行為の重大性を認識させ、責任を自覚させるため、行為の重大性に即した刑罰を与えることが必要である。刑罰を与えることにより社会が納得し、将来被告人が社会復帰した際、社会が被告人を受容し、ひいては被告人が社会内で健全な社会生活を営むことに資することになると考えられる。刑事処分における個別的・教育的処遇には限界があるが、それを考慮しても刑事処分をもって臨むのが相当である。――これが裁判所の判断だった。

情状の酌量となる背景事情を斥け、責任をすべて被告個人に帰し、被害の甚大さを強調していく論理構成は、検察官が重罰を訴えるにあたって採る、まず常套のものだと言ってよい。その是非を問いたいのではない。意味を考えたいのである。注意深い読者は気づかれたと思うが、裁判所の後段のロジックには、ある矛盾がある。

①最も責められるべきは被告人の人格・資質である（と裁判所は認定した）

②それはぜひとも改善を図る必要がある

③行為の重大性を認識させ、自覚させるため、それに即した刑罰を与えることが必要である

――おおむねそのような論理構成となっている。

①と②の判断は、③がベストの選択であるとき、初めてそれが意味をもつ。通常のロジックから行けばそうなる（結果の重大性ではなく、行為の重大性を認識させる、となっている点に注意）。少年にとって、①と②は最重要課題であり、それにもっとも即した「処遇の場」が用意されなくてはならない。したがって裁判所は③の判断を示す。通常ならばそのような理路となる。

しかし最後段「刑事処分における個別的・教育的処遇には限界があるが」と判決では言っている。[*3]なぜこんな矛盾したロジックになるのか。行為の重大性を自覚させるための処遇環境に不足があることを認識しながら、なぜそれを選択しなければならなかったのか。

刑事処分でなければ社会の納得を得ることができない（と裁判所が判断した）ためである。言ってみればこの判決は、裁判官の意図がどうかは分からないが、少年の教育や更生よりも、社会の処罰感情が優先されなくてはならないことを打ち出した判決である。ここには、少年法を貫いてきた理念はもはや見られず、成人の裁判とほとんど同様の視座と論理で示された判決だったという点が大きな特徴である。

急いで申し添えておくが、わたしは、刑事処分を課すな、何が何でも保護処分にしろ、と言っているのではない。年少の少年を対象とした刑事裁判はどうあるのが望ましいのか、そのことを問いかけたいのである。

被告少年は、自分の犯したことの重大性を認識し、裁判所が出した結論には従うべきだ、という気持ちを持っていたともいうが、一カ月半ほど悩んだ末、成人と同じ理屈での判断、親の視点で判断されたことについて問い直すため、控訴を維持するという結論に至ったという。弁護人はこの間の経緯を次のように話した。

「控訴を維持するかどうか少年は本当に悩んでいました。苦しんでいたと思います。弁護人としての立場から、少年なりにその苦悩の克服は大変なものと思っています」

少年が自ら決断した控訴を、裁判所の判断と説諭を無視した自己中心的な態度の表れだと受け取るだろうか。地裁が示したロジックをそのままあてはめれば、控訴自体が、重大性を真摯に受け止めておらず、反省悔悟に至っていないゆえだ、ということになる。しかし次の点は忘れてはならないと思う。

一〇年、一五年の後、二〇代、三〇代の年齢で、彼らは必ず社会に復帰してくる。判決や処分決定を受け入れて処遇施設に行く場合と、納得しないままに過ごす場合とでは、出所・出院後の再犯率に大きな違いが出る。「事件の責任を認めているか認めていないかの再犯率の違いは、認めていない場合で七五パーセントの再犯率、認めている場合で二五パーセントの再犯率となる」という。[*4]

前述したように、処遇現場を充実させることは、急務の課題となった。それとともに、刑事法廷がどう少年を裁くのか、その裁判もまた、更生と社会復帰にとって大きな役割を担うこととなった。逆送が徹底され、五五条移送が難しくなればなるほど、刑事裁判が被告少年に対して果たす役割は重要性を増す。単に事実審理をして非行事実に応じた刑事罰（量刑）を示すだけの場にはとどまらなくなったのである。刑事裁判所にそんなことを求めるのは筋違いだ、と言われるだろうか。しかしこの事態は、改正少年法における原則逆送制度がもたらしたものである。

これが、年少の少年を対象とした刑事裁判はどうあるのが望ましいのか、という問いかけに対するさしあたっての答えである。この問いかけは、被害者の救済というもう一つの重要な課題を、けっして損なうものではないことを最後に付け加えておきたいと思う。[*5]

（＊1）以下について、予めお断りしておきたいと思う。奈良の事案は家裁審判ゆえ非公開であり、新聞記事以外、若干の情報を入手しているが、直接の取材は果たしていない。また板橋の事案については裁判の傍聴はしていないが、判決後、担当の弁護人に取材した他、間接的に得た情報がいくつかある。寝屋川の事件については、一一回に及んだ裁判を傍聴し、弁護人他、関係者への取材を経ている（第一章　1）。

（＊2）〇三年六月に茨城県で、二名の一五歳少年によって引き起こされた事件において、水戸地裁は家裁再移送を決定した（読売新聞〇六年一二月二日・東京版朝刊より）。

（＊3）寝屋川のケースにおいても、大阪地裁は判決の最後に、少年刑務所に対して、被告少年の発達障害に対して最大限の配慮を求める「処遇に関する意見」を加えている。

（＊4）寝屋川事件の公判において証人として立った藤岡淳子氏の証言。

（＊5）被害者にどう向き合うかという課題については、前著『自閉症裁判』（洋泉社）で述べている。わたしの基本的立場はここにある。参照していただけると幸いである。

6 少年たちの「犯罪予防」はどこまで可能か
——二〇一四年夏 佐世保で何が起こったか

二〇一四年夏、佐世保で、衝撃的な事件が起きた。現在、九月一〇日。この時期にいたるまでに報道された情報を取り出してみる（記載はすべての報道記事ではない。わたしの判断で取捨選択をしている。「 」内の太字は新聞の見出し）

▼新聞報道の経緯より

○**七月二八日**（読売朝刊）「**高1女子 同級生殺害 容疑で逮捕 頭殴り首絞める 遺体の一部切断**」
・犯行は二六日午後八時ごろ。佐世保市内のマンション、加害女子の自室。二七日逮捕。
・被害女子は家族に、「（少女の）マンションに遊びに行く」と伝えていた。一八時四〇分ごろ、「午後七時に帰る」とメールがあったが、帰宅しないために、父親が二三時過ぎに一一〇番通報。
・二七日午前三時一五分、県警捜査員が、加害女子の親を伴ってマンションを訪れる。玄関まで呼び出し、尋ねると、少女は「知らない」と答えた。しかし捜査員が、三時二〇分ごろ室内に入り、遺体を発見。佐世保署で事情を聞いたところ殺害を認めたため、六時一一分に緊急逮捕した（逮捕までの経緯の詳細は、各紙によってわずかだが異同がある）。
○**七月二九日**（読売夕刊）「**『会いたい』 被害者誘う 逮捕の高1、計画犯行か**」

・遺体の切断にはのこぎりなど複数の刃物が使われていることも判明。過去には小動物の解剖も繰り返していたという。

○**七月三〇日**（読売朝刊）「**母の死後　精神不安定に　家族内で金属バット**」

・母親が入院した中学の後半ごろからふさぎ込むようになり、自宅にこもりがちになった。母親は昨年一〇月に他界。その後、少女は金属バットを使って家族に暴力をふるうなどの問題行動が目立ち始めた。

○**七月三一日**（読売夕刊）「**逮捕少女　部屋に医学書**」

・これまでの捜査で事件前に小動物を解剖し、人体にも同様の関心を持っていた。室内にあった医学関係の書籍は、人体図などの体の仕組みを解説した内容で、本棚に置かれていた。

○**八月一日**（読売夕刊）「**精神科医の相談放置**」

・六月一〇日、関係センターに少女を診察していた医師が、自分の名前を告げ、電話で相談を寄せた。少女が猫の解剖をしたり、父親を金属バットで殴ったりしていること、小学校時代にも同級生の給食に異物を混入していることを伝え、実名を明かさないまま「人を殺しかねない」と相談した。

・センター側は、少女を特定したり、寄せられた情報を県教委、県警に連絡するなどの具体的な措置をとっていなかった。

○**八月二日**（東京朝刊）「**女子生徒精神鑑定へ　心理状態や責任能力調査**」

・容疑者が未成年の場合には、家裁送致後に精神鑑定が行なわれることが多いが、今回地検は、事件の特異性を考慮し、「女子生徒の供述内容の真偽や、刑事責任能力の有無などを捜査段階で慎重に見極める必要があるとした」

○**八月三日**（東京朝刊）「**理路整然、心の闇見えず**」

・県警捜査一課の取り調べに対し、被害者の殺害方法を淡々と話すなど、取り乱した様子もない。接見した弁護士を通じ、「父親を尊敬しており、再婚に反対した事実は全くない」と話した。継母に対しても「新しい母が来てくれて嬉しかった」と話した。

○**八月四日**（**読売朝刊**）「『**命の危険**』　**娘と別居　容疑者の父　精神科医の助言で**」

・父親のけがは命にかかわるもので、死ぬ可能性も十分にあった。父親は原因が分からず、二つの精神科病院で少女に治療を受けさせた。医師に相談し、「同じ屋根の下で同じように寝ると、命の危険がある」を助言され、マンションに一人暮らしをさせた。

○**八月五日**（**東京朝刊**）「**犯行前日に入院依頼　数日前『人殺したい』**」

・弁護士によると、事件の三日前、母親と二人で話した際「人を殺してみたい」と打ち明けた。生徒の父親は精神科医とのやり取りをまとめた書面を、弁護士を通じて公表。事件前日、両親が精神科医に行き、父親が医師やカウンセラーに「ここの病院か別の病院に入院する措置を取れないか」と依頼したが実現しなかった。

○**八月二二日**（**読売朝刊**）「**父殴打　高校4月把握　学校側警察に相談せず**」

・3月2日、父親を金属バットで殴り、頭にけがを負わせたことを、高校入学後の職員が把握していた。高校には登校しなかったが、1～2週に1度の頻度で職員がアパートを訪問したり、食事をしたりしていた。メールや電話でのやりとりもあった。

・4月25日、職員が現状を校長に報告するも、「引き続き少女にあって見守るよう指示した。しかし、関係機関への相談などはせず、保護者との面談も行わなかった」

▼数日を経て後の感想

第一報の後、どれくらい経ってからだったか、今回の事件は、九〇年代以降に起きた重要な少年事件において、それぞれがテーマとしてきたことがすべてにわたって反復されている、という感想が浮かんだのだった（あらかじめお断りしておくならば、平成二四年「少年による一般刑法犯　検挙人員は七九九六五。うち殺人は四八」、おなじく平成二三年「検挙人員一〇四一七五、うち殺人は四七」。ほぼ、このような数値で推移している。二四年、二五年「犯罪白書」より）。

たとえば「人を殺してみたい」という願望の言明、遺体の切断・解剖など人体への強烈な関心。神戸・児童連続殺傷事件（一九九七年）、愛知・豊橋での主婦殺害事件（二〇〇〇年）。未遂事件ではあるが、一六歳少女が実母に毒物を摂取させ、その変化を記録していたという伊豆タリウム事件（〇五年）。会津若松での母親殺害事件（〇七年）など、これらは人体への特異な関心を見せた事件だった。

あるいは小動物への虐待があり、前兆事件へと至り、さらに重大事件となって帰結するという主題。これは、九七年の神戸の事件、二〇〇〇年の岡山での、金属バットで母親を撲殺した事件など（この少年は、母親殺害の前に部活の後輩たちを金属バットで殴り、重軽症を負わせている）。〇五年の大阪二姉妹刺殺事件（本事案自体は少年の案件ではないが、加害者は、少年時に母親を撲殺している）。

事件以前に精神科治療がなされており、「それでもなぜ防ぐことができなかったのか」という医療への問いかけ、医療施設への事前拘束入院の是非が争われる、というテーマ。佐賀バスジャック事件（二〇〇〇年）、大阪寝屋川・教師殺傷（二〇〇五年）など、犯行時、すでに治療のさなかにあった。今回の佐世保での事件にあっても、早期からの医療介入があったという。

そして家族関係歴、生育歴という主題。関係要因、経済要因、生活要因など、はっきりと家族が崩壊・破綻しているケース、身体的・性的虐待、激しいネグレクトなどが明らかな場合は、それなりに因果関係を収める場所がある。そして少年による殺人事件の少なくない数が、父親や母親に殺害の意思が向けられているように、家族関係が、重要な犯罪生起要因となっていることは疑いない。

しかし、一見普通の家族だったり、人も羨むエリート家族だったり、〝**問題**〟**が外には見えにくいまま潜行し、あるところで暴発するというケース**がある。先行ケースとしては、愛知・豊橋の事件。神戸・児童連続殺傷事件。大阪・寝屋川の事件がある。奈良・自宅放火事件や会津若松の事件もここに類型づけていい。今回の佐世保事件も、これにあてはまるだろうと思う。

このように、**九〇年代以降の重要と思われる少年事件の主題の、おそらく全てが、今回の佐世保の事件にあっては反復されている**。これが最初に浮かんだ感想だった。(*)

(*)それぞれの事件については、井垣康弘『少年裁判官ノート』、高岡健『発達障害は少年事件を引き起こさない』『少年事件　心は裁判でどう扱われるか』、嶋﨑政男『少年事件　その原因と今後の対応』、浜田寿美男『子どものリアリティ、学校のバーチャリティ』、池谷孝司、真下周『死刑でいいです』。ウェブサイト「少年事件データベース」など。また拙著『十七歳の自閉症裁判』、『少年犯罪厳罰化　私はこう考える』(山本譲司共編)なども合わせて参照。

▼いくつかの疑問

だからどうした、と言われるかもしれない。

そのような感想を持った後、いくつか疑問が湧いてきたのである。

第一報に触れたとき、被害少女に対する感情のもつれとか激しい憎しみ、恨みといった情動が、直接向けられた結果でないことは、すぐに推測された。報道は、主に加害者の家族関係、地域で有数の実力者の家庭であり、妻を喪ってのちすぐに再婚したという父親に向けられていき、そして事情が明らかになるにつれ、次には、事前対応は妥当だったか、という点に集中した。

しかしわたしには、なぜその対象が、中学時代からの友人であり、犯行時には、友人知人の中でおそらく唯一人会話ができる相手だった（はずの）少女を、あのような凄惨な殺害の対象として選ばなくてはならなかったのか。そんな疑問が湧いた。しかしこの問いはすぐに反転された。むしろ交流が（たとえそれが表面的なものであったにしろ）、会話が可能な唯一の相手だったからこそ、傷ましくも彼女が選ばれてしまったのではないか、というように。自分よりも弱い相手、意のままに接しても反撃されないと感じている相手。自分が無条件に優位に立てる相手が、このとき必要だった。そのように推測されたのである（そしてこうした対象選択の心理は、一九九七年六月に神戸で起きた少年のそれにも近似するのではないか）。

二つ目。述べたように、わたしたちの社会は、年少少年による多くの傷ましい事件の歴史を持っている。とくに二〇〇〇年以降、これらの事件はセンセーショナルに報道され、社会を揺るがし続けてきた。わたしたちはその時々にあって何かを教訓とし学んできたはずなのに、それがほとんど共有されていないと報道に接しながら感じていたのだが、それはなぜなのか。制度的な問題なのか、報道する側の意識の問題なのか。あるいはもっと本質的なことか。

例えば今回のように、特異なかたちでいきものの「からだ」や「いのち」に関心が向けられ、ついに人間相手に実行に移してしまうレアなケースにあって、そのとき何が確認されたのか。それが広く、関係各機関や専門職員にあって、共通の認識とならなかったのはどうしてなのか。メディアはなぜ「大騒ぎをしては忘れる」という報道を繰り返すのか。この一〇年、わずかなりとも支援の現場と関わり、その報告や裁判記録を発信してきた者として、この問いは忸怩たる思いとともに残った。(*1)

三つ目。今回の加害少女には、動物虐待や父親への暴力など、激しい攻撃性が早い時期から見られた。この点に着目し、なぜ入院などの事前措置を取らなかったのか、と主張する医師がメディアに現われた。二〇〇〇年の佐賀のバスジャック事件の際にも外泊を許した主治医への批判が、同じ医師によってメディアをにぎわせた。「それは難しい」ということがこのとき確認されていたとわたしは受け止めていたのだが、メディアの対応や医師の発言を聞くと、まったく元の黙阿弥になっていると感じざるをえなかった。

「危険である」「他害の可能性が高いと感じる」からといって、安易に医療的拘束をすることはできない。もちろん精神保健福祉法に、二四条「警察官通報」、二五条「検察官通報」という条項があり、精神科治療の対象者に他害行為があった際には都道府県知事の判断で措置入院させることができる（指定医師二名の判断とともに）。発言した医師はこの条項を念頭に述べているのだと推測されるが、通報と措置の濫用は、精神医療と社会の、信頼関係の崩壊につながる。このことは、もっと医師自身の方から発信されるべきではないのか。

四つ目。以下に引用する報道内容からも明らかなように、医療を始め、教育機関、県の福祉・行政などの関係機関の事前対策は十分だったのか、という批判が、例によってマスメディアから出された。「トラブルを起こすかもしれない」とか「警察沙汰にならなければいいが」と危惧するケース、他害傾向の著しく進んだケースを直接の支援対象にしたときに、支援者に、あるいは保護者に何ができるのか。何をしなくてはならないか。いずれにしても、医師に犯行予測は不可能であるし、それをむやみに求めてはならないという点は、確認されてきたのではなかったろうか。

この間、いつもながら他人事のように「論評」する識者は見られたが、この、「何ができるのか」はもとより、「何ができないか」についての発言をした専門家は、わたしの見ていた限りではなかった。「ここから先のことはできない」ということを明確に述べるのも、専門家の方々の責務ではないかと思うのだが、いかがだろうか。

情報がない（少ない）時点でメディアに登場することは、大きなリスクが伴うことは承知している。しかし、そういうときだからこそ、いわゆる「専門職」と呼ばれる方々が可能な範囲での発言を試みることが求められているのではないか。社会が激しく動揺しているときだからこそ、当たり前のことを、当たり前に述べることが重要なのではないか。わたしにはそう思えたのである。

もちろん、「診断名は何か」「発達障害ではないか」などと問いたいのではない。「死体愛好」とか「サディズム」の何であるかを詳細に述べ、わが身の好奇心を煽り立てたいのでもない。そのような言葉で述べられる〝専門家〟のご高説を、拝聴したいのでもない。

かつてのような、情報もなく、自身で診察したわけでもないのに、医師たちがテレビに登場して「診断名」を乱発していた一五年前とは、また異なる時代に入っている。今何が求められているか。メディアと適切な距離を取りながら、あるいは連携しながら適切な情報を発信し、社会不安を鎮静化する役割も専門職の人びとは担っているのではないか[＊2]。

五つ目。少年事案であるが故に、個人情報の取り扱いには慎重を期することになる。そのことは情報が秘匿されることを結果とし、場合によっては関係者や社会に共有されるのが望ましい情報も、その流通を妨げられることになる（慎重にさせる口実を作ってきたのが、メディア自身でもあるのだが）。

そして重大事件であればあるほど、個人情報の中でも、家族関係や生育歴に関する情報はきわめて重要な意義をもつ。直接、治療や改善の役に立つことは少ないかもしれないが、重大行為にいたる経緯を考えるにあたって、必須とも言うべき情報が生育歴である。しかし、仮に逆送されて公開の裁判、になったとしても、この生育史や家族歴は、ほとんどが外に出されることはない。
この点について、少年の個人情報の保護が優先されるべきだ、仕方がないとするのか、何らかのかたちで、一定程度の情報公開の方向を模索するのか、議論があってよいのではないか。やはりこれもわたしが注視していた限りでは、重大少年事件に社会はどう対応するのか、何が論じておくべき課題なのか、踏み込んだ発言は見られなかった。

（＊1）この点において神戸の少年は、死や死体への強い関心が性衝動による攻撃性と結びついた、と中井久夫氏によって鑑定され、その一部が公開された（井垣康弘『少年裁判官ノオト』日本評論社）。
「鑑定主文一　本件一連の非行時並びに現在の精神状態
非行時、現在ともに顕在性の精神病状態にはなく、意識清明であり、年齢相応の知的判断能力が存在しているものと判定する。／未分化な性衝動と攻撃性の結合により持続的かつ強固なサディズムがかねて成立しており、本件非行の重要な要因となった。（略）
鑑定主文二　精神医学的に見た本件一連の非行の心理学的状況および背景
家庭における親密体験の乏しさを背景に、いじめと体罰との悪循環の下で「虐待者にして被虐待者」としての幼時を送り、〝争う意志〟すなわち攻撃性を中心に据えた、未熟、硬直的にして歪んだ社会的自己を発達させ、学童期において、狭隘で孤立した世界に閉じこもり、なまなましい空想に耽るようになった。／思春期発来前後のある時点で、動物の嗜虐的殺害が性的興奮と結合し、これに続く一時期、殺人幻想の白昼夢にふけり、食人幻想によって自慰しつつ、現実の殺人の遂行を宿命的に不可避であると思いこむようになった。
（略）」（p34〜35）

（＊2）ちなみに「スタップ細胞騒ぎ」のなか、理研の医師が自ら死を選んだ直後、わたしはたまたまテレビをつけていたのだが、死を報じる臨時ニュースのテロップが流れた。そしてさまざまな報道が、矢継ぎ早に送られてきた。するとそれからすぐに、東京国立精神・神経センターの自殺予防センターが主催するメディアカンファレンスのメールで、各報道関係者へあてて、理研医師の自殺の報道にあって慎重な扱いをお願いする旨のメールが、わたしのところにも発信されてきた。

「自殺報道」は、自殺予防にとって重要なテーマである。規制し、自粛し過ぎる必要はないが、あまりにセンセーショナルな報道は、自殺企図をもつ人びとを誘引してしまう。報道はそうしたリスクを常にはらんでいる。

今回の佐世保の事件にあっても、同様の試みがなされてもよかったのではないか。すべてがセンセーショナルすぎる報道だった、とは言わないが、医師会や学会やらどこかの専門機関による、報道をめぐる問題提起があってもよかったのではないか。あるいは医師たちによる、「ここまでならば医学は対応ができる。しかしここから以上のことは、現代医学では対応は不可能だ」という率直な発信も、なされてもよかったのではないか。そのようなことを改めて感じたのである（「後記」を参照）。

ちなみに報道をめぐる検証は、八月一日、東京新聞「こちら特報部」でなされている。遺体切断などどこまで伝えるべきか、新聞各紙の在り方を比較している。これも重要な試みだと思う。

▼ある医師の発言に触れて

先にも少し触れたことだが、ここで詳しく述べておきたいことがある。ＮＨＫニュースで報じられたこととして、八月五日、次のようなニュースナレーションの文章がインターネットに配信された。

「佐世保　事件に気づく機会あったのに、…対策とれず　八月五日19時49分」

「治療施設速やかに探すべきだった」（以下、NHKニュースより引用）

そして「少年犯罪について詳しい精神科医」の、次のような談話を報じている。

「父親をバットで殴り大けがをさせた時点で人を殺したいという欲求が明らかであり、すぐに入院させなくてはいけないほど危険な状況だった。医療機関や家族だけでは入院できる施設を探すことには限界があり、児童相談所は連絡を受けた時点で危険性を認識して、バックアップをもっと積極的に行うべきだった」

「現在はリスクが高いと感じてもなかなか長期入院できる治療施設を見つけにくいのも事実だ。危険な兆候があった場合に速やかに入院できるよう、医療機関や行政、警察が連携して入院施設を決めたり、あらかじめ施設を指定しておいたりするなどの仕組み作りを急ぐ必要がある」


かつて、滝川一廣氏へのインタビュー集『「こころ」はどこで壊れるか』で、佐賀バスジャック事件を話題として取り上げたことがあった。国立療養所に、避難的に一時入院していた少年が、外泊許可を得たさい、自宅には戻らずに長距離バスに乗り込み、途中で乗客ともにジャックし、客を殺傷した事件である。同じ医師が、このときも同じような見解を述べた。

インタビューで滝川氏は違和をはっきりと表明した。あそこではもっぱら病院側の対応が批判されていたが、一〇〇パーセント妥当な批判かどうか、自分は疑問に感じたと述べ、その理由について語っている。この批判・見解は、現在、なおも有効であると思われるので、関連する部分を次に引用する。

逆に申しますと、安易に強制的な入院隔離ができたら、それはそれで、いや、そのほうが問題ではありませんか。司法のレベルでいえば、ナイフをたくさん集め人を殺してやるとノートに書いたからといって逮捕拘留はできないでしょう。医療のレベルでは、それだけで強制的な入院隔離が許されるとしたら問題含みではないでしょうか。その意味でも慎重であるべきですね。ですから病院がすぐ入院させなかったとしても、理由はあることで、ただ怠慢のように指弾するメディアはおかしいとわたしは思います。(p167)

この見解は、おそらく多くの医師たちにあって共有されてきたはずである。(*) もちろん、重大な他害行為の危険性の、極めて高いケースも極めてまれに存在することは承知している。しかし高い「危険性」と、してしまった「事実」との間には、千里の径庭がある。ここは、支援する現場にとっては常に悩みのタネであり、苦慮するところである。ともあれ、以下のように、滝川氏はつづける。

もし批判するのであれば、わが国の精神医療に子どもや思春期の患者さんをきちんと専門ケアできる現実条件がほとんど与えられていないこと。その一方で、精神医療が引き受ける問題なのか、非行・犯罪として児童福祉ないし少年法のシステムが引き受ける問題なのか、判断のきわどいケースまでふくんで多様な児童・思春期問題が精神医療に持ち込まれて対処を迫られる現状という矛盾。そのはざまでバスジャック事件は起きたわけで、そこをこそ問題とすべきですね。(p168)

ここでの滝川氏の発言は、あくまでも原則をめぐるものではあるが、今回の場合にもあてはまる。そして氏が提起した課題に、この一〇年、何を、どこまで蓄積してきたのか、曲がりなりにも子どもたちの支援にかかわるわたしたちには、本気になって省みる責務があると思う。報道等のメディアも同様である。

たとえば「個人情報の保護」と「社会の安全」という公益性とのあいだに、ジレンマが生じる。「教育や保護」を優先させるのか、刑罰の対象として「罰則」を優先させるのかという議論も招く。あるいは少年法の改正による「重大事件の原則逆送」という決定は、少年審判の根幹を揺るがしかねないジレンマを少年法自らからが抱え込んでいる（第一章2参照）。

「少年による重大事件」という現象自体、法のシステムや精神医学、教育や福祉のシステムだけでは解決されないものであり、多領域にまたがらなければならない。教育・更生と刑事罰をめぐって、大きなジレンマをもたらしかねない現象なのである。危険人物は隔離収容するか、薬物治療を徹底させるべし。凶悪犯は、年少者と言えども厳罰に処し、施設収容の長期化を図るべし、でよいのかどうか。まったく振出しに戻った、二〇年後退させたというのが、先のテレビ報道における発言を耳にしたときの偽らざる実感であった。

（＊後註）この事件の後、わたしはほどなくしてこれまで交流をいただいていた医師たちに取材を求めた。しかしどなたも慎重な姿勢を崩さなかった。一人だけ応じていただいたのは、『精神鑑定の濫用』という著書をもつ井原裕氏であった。その発言を紹介したい（「井原裕氏に聞く――佐世保高一殺害事件をどう受け止めるか」『飢餓陣営41』二〇一四秋号、所収）。

わたしは、攻撃性が高いという憂慮あるケースに対し、医師、教師、保護者に、何ができたのか、どうすればよかったのか、と問いかけた。井原医師は、精神鑑定が継続中の時期に軽率な発言は控えたい、あくまでも一般論として述べると断ったうえで、おおむね次のようなことを述べた。

——基本的に病院も学校も、犯罪防止を任務としてはいない。犯罪防止を期待されても、期待には応えられないし、応える努力をすべきでもない。こうした事件が起こるたびに、「専門家は何をしているのだ」と批判されるが、教師も、医師も、犯罪予防の「専門家」ではない。では大人たちに何ができるのか。本人に対し、くり返し「危険な行動をしないように」と説得することは必要だし、関係者が情報交換を繰り返して、破壊的な行動に出ないように注意することが、精一杯のところである。基本的に、犯罪防止は地域社会全体で取り組むべき課題であり、医療だけの問題でも、学校や行政だけの問題でもない。——わたしにはきわめて正論だと思えた。さらに言う。

「殺人衝動のある少年少女を入院させて、矯正できる病院は、日本全国に一カ所もありません。病院は殺人衝動を矯正するところではないのです。少年少女の殺人衝動を治療できる精神科医は、日本全国に一人もいません。誰一人として、殺人衝動の治し方を知っている人はいません。治すことができるのは、第一に、本人です。本人が自分自身をコントロールするということ。第二に、少年少女を指導すべき親であり、第三に少年少女を支える地域社会です。犯罪防止に責任をもつのは司法機関であり、次に責任を負うべきは地域社会の市民全体です。

重大犯罪が起こるたびに、あいつが悪い、こいつが悪い、と皆、他人事のように言います。でも、むしろ市民一人一人が法を犯した少年少女の矯正や社会復帰について考えないといけない。そのかぎりで、医療も教育も一市民として関わっていきます。少年犯罪は実は市民全体の問題なのです」

まったく同意、という以外のコメントは思いつかない。社会的認識として広く共有されていくことを切望する。

ちなみに、この佐世保のケースは、これまでの通例に照らせば逆送されても不思議ではないケースである。長崎家裁の「決定要旨」を見れば、本件の少女は、「一六歳になると刑事罰を受けることになる可能性が高いことを知り」、一六歳以前に犯行を行なったという。しかしすでに論じてきたように、〇六年に東京都板橋区で起きた両親殺害事件の加害少年は、当時、一五歳と一〇カ月であったが、刑事裁判となり実刑判決を受けた。

しかしこの少女を公開の刑事法廷に立たせることがどういうことになるか、家裁が一番よく分かっていたのだろうと思う。このことを一つとってみても、「原則逆送」という法改正がいかに矛盾をはらんだものであるかを、鋭く示しているのではないか。

（初出『飢餓陣営』41、二〇一四年春号掲載。同名の論考を改稿した）

7 佐世保の事件と『絶歌』を読む

——一九九七年神戸児童連続殺傷事件を振り返りながら

少年の「更生」とはなにか

▼処遇と教育可能性と更生の問題

二〇一四年七月に起きた佐世保高一致殺害事件の少年院送致（保護処分）が、一五年七月一四日に長崎家庭裁判所によって決定された。逮捕は一四年七月二七日であり、ほぼ一年を費やしたことになる。

ちなみに神戸少年Aの児童連続殺傷事件では、逮捕が一九九七年六月、神戸家裁の少年院送致の決定が一〇月。半年ほどで処分を決めている。大阪の寝屋川事件は、二〇〇五年二月一四日の現行犯逮捕の後、大阪家裁の逆送決定が八月八日。こちらも半年ほどでの処分決定である。〇六年六月に奈良で一六歳の少年が自宅に放火し、継母とその子（異母弟妹）を死亡させた事件の審判決定は同年の一〇月であり、四カ月ほど経ていた。これらを見る限り、おおむね半年前後で家裁の決定が下されている。佐世保の事件は異例の長さだった。

一般論として言えば、少年事件にあっては勾留期間が長くなればなるほど教育の機会を奪われ、更生の可能性を失っていく。したがって、基本的には迅速な処分決定が求められている。繰り返してきたように、二〇〇〇年以降の原則逆送制度は少年法の適正化の名のもと、結果的に加害少年の教育環境を奪い、長期にわたって悪条件の中においてしまう制度であるという側面を持つ。加えて、起訴されて刑事裁判になると、判決が下されるまでにさらに時間を要することになる。弁護団が丁寧な弁護をしようとすればするほど、時間を費やさなくてはならない。弁護団はおのずと、そういうジレンマを抱えさせられる。

〇五年六月に、東京板橋でガス爆発を起こして両親を死に至らしめた一五歳（当時）の少年は、第一審の判決が〇六年一二月。控訴し、第二審の判決が出たのが〇七年一二月。重大事件の加害者であるとはいえ、一五歳からの三年半を拘置所や鑑別所で過ごすことを余儀なくされたことになる。

また、寝屋川事件の裁判にあっても控訴審が終了したとき、少年は二〇歳を超えていた。この間、どのような教育環境が用意されているかを示す情報をわたしはもっていないが、このあたりの事情は、少年審判の難しさ、ジレンマではないかと受け取ってきた。もちろん、人の命が奪われているのだから、わたしのこうした加害少年の教育とか更生がどうしたという理屈など受け入れがたい、そんなことよりもまずは罪を償え、という考えも大いにありうる。

深刻な事件を引き起こして少年に「更生」など可能なのか、という不安や疑義もまた多くの人が抱かれることだろうと思う。前節で井原裕医師の発言を紹介しているが、精神医学にも教育にも福祉にも、〝特効薬〟というものはない。地道なかかわりを、粘り強く続けていくしかない。

▼佐世保事件の処分決定から

さて、佐世保の事件についてである。新聞報道によれば（以下、読売、東京、朝日、毎日の各新聞を参照している）、加害少女は、一六歳を超えると刑事裁判にかけられる可能性があることを知っており、その年齢以前に犯行に及んだ趣旨の供述をしていたという。新聞の論調は、きわめて計画的で悪質であるというニュアンスを込めた指摘だった。

診断名は「自閉症スペクトラム障害（ＡＳＤ）」。「素行障害」（以前は「行為障害」とよばれていた）も併発しており、**「興味を持ったことを徹底追求し、不安や恐怖の感情が弱く、決めたことは迷いなく完遂する性格も重なっていて、ＡＳＤの中でも特殊な例」**であることが書かれている。「不安や恐怖の感情が弱い」という表現も見られるが、それは、恐怖心がないことから衝動を制御する力の弱さにつながり、さらには相手の痛みを感じ取ったりする共感能力が低い、という特徴へとおそらくは通じていく。

「衝動性の高さ」「感情刺激への過剰な反応」（カッとなりやすいという理解でよいだろう）。そして「不安や恐れが体験されないこと」「感情コントロールの弱さ」などが、暴力を導くキータームとされている（この点については、近年の脳科学の研究報告がある。林直樹「概説：暴力の精神病理と精神療法」『精神療法』Vol.41　2015　金剛出版］。興味深い内容であり、後述する）。

▼動物虐待から「殺人願望」へ――どう歯止めをかけるか

さらに「家裁決定の要旨」によれば、佐世保の少女の非行行為も、やはり猫の殺害から本格的に始まっている。東京新聞から引く。

「小五当時、下校中に見た猫の死骸に引かれて猫を殺すようになり、小六時に給食に異物を混入。中学では殺した猫を解体し、人を殺したいと思うようになった。実母病死後も殺人欲求はなくならず、父殺害を具体的に計画するようになり、失敗で欲求を強めた。父は精神科に通院させたが、欲求はなくならなかった」

事後的に見ると、なぜこの小六の騒ぎのときに事態の深刻さを把握できなかったのか、何らかの歯止めをかけることができなかったのか。そう強く感じるところであるが、この点をめぐる問題は、前節で、滝川一廣、井原裕の両医師の見解を引いてある。

ともあれ、今回の佐世保の事件が端的に示した重要な問題は、学校と医師の両者が少女に危機を持っていたにもかかわらず、情報が横につながらなかったこと、情報がそこから先にいかなかったことだったと思われる。改めて痛感することは、**医療、学校、児童福祉・児童相談所、警察や保護観察機関、カウンセラー、ソーシャルワーカーなど、多職種が集まって、何らかの子ども支援のネットワークをつくっていく重要性である。**船頭の多い船になっては元も子もないが、子どもの問題は、深刻であればあるほど、その根本要因へは多方面からの援助を必要とする。

さらに、新聞掲載の「決定要旨」には、「非行のメカニズム」と項立てられて次のことも書かれていた。

「猫の死骸を目撃し、生と死の境界への関心が芽生えて猫を殺し始め、視覚的興奮が高まり固執が強まった。異物混入で問題が顕在化したが、適切な保護や対応がなく、逆に周囲との違いから孤立感、疎外感を抱いた。自分に苦悩しつつ、猫殺しでは満足できず解体を始め、実母の死を経験して殺人空想が増大、殺人欲求が現実感を帯びた」

ここに見られる思春期特有の心身のアンバランス、「死」に対する関心、幼い性衝動と結びついた小動物の殺傷と破壊衝動。そして自身にとってかけがえのない存在の死。九七年の神戸でのいわゆる「少年A」の事件をはじめ、多くの事件に共通する因子である。ここから、次のことは指摘できるのではないか。

あまりにもナイーブすぎると言われるかもしれないが、殺人願望や殺害欲求、破壊衝動といったものをエスカレートさせていく過程は、孤独や孤立や被害感情や、それらがもたらす怒りやらが、絶望的に深まっていく過程と同時進行していた。家族や友人、学校ふくめ、人間関係が、何らかの生きる支えとなるような体験としては、受けとめられてこなかった。

もちろん、十全な人間関係を体験できずにきた子どものだれもが破壊衝動をエスカレートさせ、行動化させるわけではない。本人の資質や気質、養育環境、社会的条件、引き金となる出来事など、さまざまな事情が積算されて「重大事件」を結果としてしまう。

▼刑事施設の保安・安全の維持と処遇をめぐる問題

長崎家裁は、医療少年院での処遇を選んだ。決定要旨では、心神喪失や心神耗弱は認められないが、加害少女の抱える問題性や病理性の重大さを指摘し、その特性への最大限の配慮の重要性を理由としてあげて、少年院送致を決定している。東京新聞ではこんなふうに書かれている。

「更生には、少女の特性に応じた個別性の高い矯正教育と医療支援が長期間必要。刑罰による（再犯の）抑止効果はなく、職業教育や労役で改善は期待できない。刑務所はプログラムが十分ではなく、自由に空想にふけられる環境では、かえって症状が悪化する可能性がある。

以上、再犯防止や社会防衛の観点からも、医療少年院での処遇が望ましい。認知などの本質的な変容を目指すもので、予後の見込みは厳しいが、可能な限り長期間の治療教育をすれば、矯正効果は十分に期待できる。

医療少年院を出た後も生涯にわたり対応を継続する必要がある。今後も同様の問題を抱えた青少年が現れる可能性は否定できず、対応に取り組む体制の構築も重要だ」

第一章2の、寝屋川事件での記述を思い起こしていただきたいが、弁護団はほぼ同様のロジックで保護処分を訴えていた。一審判決は苦慮の末、それを斥けた。高裁では、刑務所での処遇が「悪しき影響を及ぼす」、という事実が認められない限り、それを斥ける理由はないとした。そして川越少年刑務所の首席矯正処遇官が、少年刑務所においても処遇可能である旨を述べたのだが、ここでは、**「刑務所はプログラムが十分ではなく、自由に空想にふけられる環境では、かえって症状が悪化する可能性がある」**。と述べられている。

寝屋川の二審判決が二〇〇七年。長崎家裁の処分決定が二〇一四年。七年を経て、少年矯正の現場がどうなっているか、その判断材料をわたしはもっていない。しかし被害が甚大で深刻な少年の事件が、司法の現場にあってもいかに困難を抱え込むか、こうした形でも示されていることは指摘しておいてよいと思う。

さらにうがった推測をしてみる。ちなみにこの長崎家裁の決定は、神戸少年Aによる『絶歌』が出版され、そのことに対する大バッシングの渦中で示された。版元への批判のみならず、日本中が、「少年Aは変わっていない、更生していない」という、少年審判と少年院教育への疑義と不信が溢れかえっていた。少年法不要論さえ現われている状況だった。もちろんたまたまタイミングが符合したのだろうとは思う。

この二つの事件は、社会的影響力の甚大さや衝撃の大きさ、加害少年（少年事件にあっては、当該の女性も「少年」と称される）の、心理形成の特異さにおいて突出している。そのような二つの事件が時期を接してメディアに登場した、ひょっとしたら少年の事件が再考され、少年法の問題や、少年院教育のありかたにまで及ぶような、いくらかでも踏み込んだ議論のきっかけになるのではないか。少年ひそかにそのように期待をしていたのだが、わたしの知るかぎり、メディアからは相変らず表面をなぞるような反応しかかえってこなかった。

この長崎家裁の決定の後、専門家内部からは次のような見解が示され、わたしの注意を強くひいた。**「しかし**〔刑務所内での〕**「改善指導」においては、そもそも、刑務所において教育が必要なのか、効**

果があるのか等の疑問が、秩序維持・保安の面で高い能力を発揮していた刑務所ほど強かったように思う」（矢野恵美「受刑者なのか患者なのか：医療と刑罰の間」『刑政』二〇一五年七月号）

矢野氏は刑事法学の専門家であり、『刑政』は矯正（刑事処遇）に関わる実務の方々を中心とした執筆者が名を連ねる、いわば業界内部の専門誌である。もちろん、だから取り組みが放棄されたというのではなく、こうした困難をもちながらも処遇に取り組まれていった、というのがこの論文の趣旨である。教育的な処遇と秩序維持の両立は、やはり思いのほか難しいこと。刑事施設内での教育が必要なのか、どこまで効果があるのかといった疑問が、内部職員のあいだでも根強く残り続けていたこと。このことがよく分かり、また少年事件の難しさはここにも表れているように思えた。

もちろん長崎家裁の決定には、異論もあった。同じ東京新聞で、刑法学者の大谷実氏が、次のようなコメントを寄せていた。

「決定は少女の刑事責任能力を認め、今後も同様の問題を抱えた青少年が現れる可能性を否定できないとしている。残虐な事件であり、社会的関心が高く、被害者遺族の処罰感情も強い。これらの感情に応えるためにも、検察官送致をして精緻な審理ができる刑事裁判を受けさせるべきだった。その上で、医療刑務所や指定の精神科病院への入院などの選択もできたはずだ。少女にとっても、かえってその方が良かったのではないか」

大谷氏は単純な厳罰推進論者ではないとわたしは理解している。氏の主旨を推測するならば、処遇環境の重要さを認めつつも、一度刑事裁判の場で公開の論議を経て、その上で適切な処遇先を考えるべきだった。類似犯罪を予防するためにも、そこで議論される情報が共有されることが必要だった。このあたりがポイントではないかと思われる。

少年の深刻な事件であればあるほど、そこでの情報が共有されることの重要性は、わたしもまた訴えてきたものであった。しかし見てきたように、そこにはたくさんのジレンマがあった。遺族や社会の処罰感情、当該少年の「罪と罰」と更生可能性、情報の社会的共有。少年の事件は、「刑罰か治療か」というように二項対立的で、シンプルな問いの形を見せることになるが、その論議がはらむ困難さがいくらかでもお伝えできれば、ここまで述べてきたことの責ははたせたことになる。

▼『絶歌』の出版について

次は『絶歌』の出版について考えてみる。版元の思惑通り（?）、大きな反響とともに売れ行きもすさまじいものがあり、当然のことながら、バッシングの嵐となった。

当初、感想はいくつか持ったし、言わなくてはならないと感じたこともあったが、気が重かった。週刊誌やその他で、女性関係のことなどがまさに興味本位で色々と取りざたされていること、取り上げること自体が本の「宣伝」になってしまうこと、被害者遺族には何の連絡もなく出版されたという経緯、被害者を実名にしながら自身は匿名に隠れている等々、被害者や遺族にとってはまったく配慮のない内容になっていることなど、積極的に発言しようという気になれなかった。

いかにも〝評論家風〟なもの言いになるが、この元少年Aはこれまで、日本の少年司法に対して多くの挑戦状を叩きつけるような結果を見せてきた。少年法がこの事件の後にいわゆる〝厳罰化〟の方向にはっきりと舵を切ったし、節目ごとに被害者遺族の近況と苦悩が報じられ、被害者遺族は、そのあり方のひとつの象徴のような存在となってきた。

「少年A犯罪の全貌」と題された「供述調書」が公開され（『文藝春秋』一九九八年三月特別号。立花隆氏が「正常と異常の間」という解説を寄せている）、さらには「少年A神戸連続児童殺傷　家裁審判『決定（判決）』全文公表」として、審判資料も公開された（『文藝春秋』二〇一五年五月号）。

少年の事件は、刑事法廷に乗せられない限り原則情報は非公開だったが、この原則がたびたび覆された。情報公開をどうするのかという問題に加え、『絶歌』の出版には、加害者が事件を記述した手記の出版にたいする是非、莫大な収益を上げることに対する倫理的疑義、といった新たな問題を投げかけることになった。

出版には少年事件を考えるうえで重要な意義がある、と版元を含め、いろいろな識者たちが語っているが、いささか妄想的に、次のようなことを危惧した。わたしは当然、言論や出版の自由を死守する立場である。しかしセンセーショナルに報道された凶悪な殺人事件やショッキングな事件の加害者が、社会復帰した後、次から次へと事件の本を書き始めたらどうなるか。被害者を実名にし、犯行の様子を詳細に綴った本だったりしたらどうなるか。『絶歌』のようにバッシングされればされるほど、売り上げは伸びていく。ありえないこととはいえ、そんな危惧を覚え、ますます暗澹とした気持ちになった。

以上が、出版をめぐる外形的な問題である。次にその「内容」に検討を加えてみたい。

▼第一部と二部のギャップはどこからくるか

読後、二つの点で、強い違和感がのこった。

本文は第一部と第二部に分かれているが、「文章」が別人の手になるように異なっている。なぜ、一冊の本のなかで、ここまで大きなギャップが生じてしまったのか。この、第一部と第二部との間に横たわる何かが、違和感を覚えたひとつだった。ここには、いくつかの理由が推測されるが、感想をまじえながら、その点について述べてみたい。

通常、シロウトによる書籍には、ゴーストライターか編集者の手が入る。しかし、プロの編集者やライターが直接手を加えるなら、もっと整合させただろうと思われる。それほど異なる印象を受けるのである。第三者の客観的な目が入っていないからこそ、逆にこれほどの落差が生じた、と考えていい。つまりこの著書は、本人の手になるものであるとわたしには思われた。

当人の手になるものならば、第一部と第二部の書いた時期が大きく異なっている、という次の推測が浮かぶ。前半は事件からそれほど経っていない時期に書かれた「文章」ではないか。事件直後、少年はさかんに警察や世間を挑発し続ける「発行声明文」を新聞社に送り付けた。また立花氏や作家の柳美里氏が絶賛するほどの「懲役13年」という文章を書いたりしているが（全文は次のインターネットで見ることができる。事件がわかる：神戸連続児童殺傷事件―毎日新聞（mainichi.jp））、当時書かれた文章をほうふつとさせるところがある。高揚感があり、文章に趣向・技巧が凝らされ、感情が凝縮されているということの特徴は、第一部では一貫している。

ところが第二部になると事情は一変する。社会復帰後の身辺をめぐる事実を中心に綴られているが、「文章」は〝すかすか〟になっている。事実を追うことだけに汲々とし、読み進めながら幾度となく、「ここまで空疎な文章しか書けないほど、転々とする生活に追われ、すり減っていたのか」と感じるほどだった。

以上が、第一部は事件からあまり時期を経ていない時期に書かれ、第二部は出版から遠くない時期に書かれたものではないか、と考える理由である。第一部には、書き手の内部から溢れ出るようなモチベーションの強さがあるが、第二部は出版するための〝量の確保〟の目的のためだけに書かれている。最後の文章で謝罪や反省らしき言葉を並べているが、いかにも空々しい美辞麗句である。「手記」の出版が、原資を得るためにどうしても必要だったのだとしても、力を注ぐべきは後半部分だった。

さらに加えるが、物足りなさの最大の理由が何かと言えば、自分にとって不都合なことはほとんど書かれていないことである。たとえば、この本ではいろいろな人やことに〝配慮〟されているのだが、誰への配慮かといえば、被害者やその遺族ではなく、自分の家族である。家族への配慮であり、謝罪であり、それはよく伝わってくる。ところが、幼少期の養育について幾多の問題点はこれまでも指摘されてきたが、母親についての重要な点はほとんど記述されていないのである。

逆に、被害少年については、こんなことまで書くのか、と何度となく本を閉じたくなるような描写が容赦なく用いられていた。そしておそらくは多くの人が関心を寄せていたはずの、医療少年院でどんな療育を受け、どのような生活を送っていたのかという点も書かれていなかった。秘匿義務やらにやら、なんらかの配慮すべき事情があったのだとしても、まったくの期待外れだった。

大事なことが書かれていないと感じたことは、もう二点ある。元少年Aは、激しい衝動性と暴力性を持っていた。一一六ページで、喋らない男の子への執拗な暴力が書かれるし、友だちの顔や頭を、腕時計を拳にまいて殴りつけたという記述もある（七五、七六ページ）。弟も、小さいころからかなり被害を受けている。しかも暴力をふるった後、本人には、ほとんどこころの揺れがない。感情を動かしていない。そんな描写になっていた。内省をしたという痕跡がみじんもないのである。書かなかったのか、書けなかったのか。必要なことは書かれず、不都合なことが伏せられたままになっているというこの読後感は、きわめて後味の悪いものとして残った。

何を書き、何を伏せるかは、いうまでもなく書き手の自由である。生活の原資を得るために出版という手段を選ぶのも、本人と版元の契約にもとづく商行為であり、原則的には第三者がとやかく言うことではない。しかしわたしの考えでは、著者の立場と背景事情と、この本の性格上、何が書かれてあるか、どう描かれているかについて、その内容に一定程度、読み手を説得するものがなければ、彼らの〝言い分〟は空疎なものになるはずである。

わたしの読後の印象はそのようなものであった。

▼「更生」ははたされたか

『絶歌』が発売された後、週刊誌や雑誌で多くの論者が「更生したかどうか」について、感想を述べていた。それを読んだとき、わたしが違和を覚えたのは、過半の論者が、「更生したか更生していないか」という二者択一で考えているように感じられたことだった。しかしそのように、クリアカットできるものではない。

今日も一日をなんとか過ごすことができた、半年一年を過ごすことができた。もちろん順風満帆はありえない。ときに不穏になり、周囲との関係が緊迫する。しかし大事には至らず、日常に戻ってくる。長い年月をかけ、そうやって、大きな逸脱行動を回避しながら、生活の継続が可能になっていく。これが、わたしの持っている「更生」についてのイメージである。

もう一つある。出院あるいは出所の後、彼らは生きる場所をもたなくてはならない。社会は、なにかしらの受け皿を作らないといけない。どこかで誰かが〝社会的受け皿〟にならなくてはならないのだが、これが難題となる。地域生活において孤立し、暮らしの場が形を変えた〝収容〟になりかねず、支援する側にとってはどう地域とのネットワーク（つながりやかかわり）をつくるか、このことも「更生」、あるいは「更生の支援」を考えるにあたっての重要な課題となる。

大きくこの二点、生活の支援による本人の地道な変容（支援者との関係の相互変容）、社会生活の安定化。このことをもって「更生」を考えてきた。クリアカットされるような変化・変容ではなく、時間をかけた〝生き直し〟である。

少年Aの「更生」についてもう少し踏み込んでみる。わたしのもつ情報はあくまでもメディアを通じたものであり、一次情報はもっていない。重要な資料は四点。一つは（1）「少年A犯罪の全貌」と題された「文藝春秋」掲載の供述調書。もうひとつが（2）同じく「文藝春秋」の「少年A神戸連続児童殺傷家裁審判（判決）全文公表」。（3）そして審判時の担当判事だった井垣康弘氏による『少年裁判官ノート』。（4）さらには『絶歌』である。

まず（3）に、鑑定人（中井久夫氏）の、次のような文章が引かれている。

「鑑定主文二　精神医学的に見た本件一連の非行の心理学的状況および背景

家庭における親密体験の乏しさを背景に、弟いじめと体罰との悪循環の下で「虐待者にして被虐待者」としての幼時を送り、〝争う意志〟すなわち攻撃性を中心に据えた、未熟、硬直的にして歪んだ社会的自己を発達させ、学童期において、狭隘で孤立した世界に閉じこもり、なまなましい空想に耽るようになった。／思春期発来前後のある時点で、動物の嗜虐的殺害が性的興奮と結合し、これに続く一時期、殺人幻想の白昼夢にふけり、食人幻想によって自慰しつつ、現実の殺人の遂行を宿命的に不可避であると思いこむようになった。（略）」（p34〜35）

この記述で、幼少期から犯行に至るまでの心理のプロセスが言いつくされている。裁判所に提出する鑑定文という性格上、中井氏にしては珍しく難しい言い回しになっているため、（2）より、次のような補足を加えておきたい。

当時、少年は自身の性衝動が動物殺しと結びついていることを「皆も同じだと思って友達に」話したところ、「君は変だ」と言われて衝撃を受け、自分に嫌悪感を覚えるようになった。「殺しをする自分に対し、酒鬼薔薇聖斗という名前を付けて、もう一つの人格を作り出したら一時的に気持ちが楽になった」。「酒鬼薔薇聖斗」は、当時少年Aの〝ペンネーム〟のごとく受け取られ、盛んにメディアを賑わせていた。しかし事情はもっと切実で、いわゆる人格を解離させて、自身に降りかかってきた難局を乗り切ろうとしたのだと言える。

そのことでさらに妄想はエスカレートし、自慰行為のときは「人間を貪り食うイメージで」おこなうようになり、ここから、人間に対する攻撃衝動に発展していく。それは「**二年近く空想の中で解消されていたが、次第に現実に人を殺したいとの衝動が膨らんできた**」。少年は、そんな自分の人生は無価値だと思っていたが、やがて正当化していく。

「**自分が無価値なら他人も無価値であるべきである。無価値同士なら、お互いに何をするのも自由で、この世は弱肉強食の世界である。自分が強者なら弱者を殺し支配することも許されるという独善的な理屈であった**」（p326）

そして実際の行為へと舵を切っていく。中井氏の鑑定主文1は、次のような記述で結ばれている。

「**本件非行は、長期にわたり多種多様にしてかつ漸増的に重篤化する非行歴の連続上にあって、その極限的到達点を構成するものである**」（p327）

おそらくは、動物虐待などから始まる深刻な少年事件にあって、ここで追われている心理プロセスは多くの点で共通するものだと言ってよいのではないか。もちろんそれぞれに違いはあり、それは無視できないものではあるが、基本的な筋道は共通している。重大で衝撃的な事件が、それまでの幾多もの非行歴の連続上にあり、「その極限的到達点を構成する」という点も同様である。

小さな破綻が繰り返され、自分自身の価値が見失われていき、それを埋めるための自己合理化がおこなわれ、非行行為が重篤化する。それは破壊行動へのハードルをさらに下げる。そして重大な事態が、「極限的到達点」となって引き起こされる［くり返しになるが、こうしたプロセスは本書で見てきた事件に、おおむね該当する］。

▼支援では何が目指されているのか

ではどうするか。深刻な「問題」を抱えもつ子どもを前にしたとき、医師や心理の臨床家が幼少期からの成育歴や生活史に注目するのは、おそらく常道である。なぜそれが重要なのか。講演などでその旨を述べると、「成育歴が分かって犯罪防止になるのか。更生できるのか」といった趣旨の問いを向けられることがあるが、もちろん成育歴から、直接の対応策が導かれるわけではない。成育歴の過酷さを、犯行行為の「原因」や「理由」として、直線的に結び付けようと考えているのでもない。「支援に当たっての必要十分条件」という言い方をするならば、これは重要な必要条件となる。わたしたちの支援の現場ではそのように考えてきた。

ちなみに、（2）には次のようなことが書かれていた。

「少年は、母乳で育てられたが、母は生後10カ月で離乳を強行した。具体的な事は分からないが、鑑定人は、1才までの母子一体の関係の時期が少年に最低限の満足を与えていなかった疑いがあると言う」（p319）

「少年に幼年時代のことを聞くと、幼稚園の頃、祖母の背に負わされて目をつぶり暖かさを全身で感覚しているというのが殆ど唯一の良い思い出であり、祖母は優しかったと語るが、少年は祖母の部屋を主に逃げ場として利用していたのであって、祖母との間に楽しいとか嬉しいとかの感情的共感が成立していたわけでもない」（p320）

非行は育て方のせいだと短絡させていただきたくないが、おそらく多くの臨床家や支援者は、この記述に重要な手がかりを見出そうとするのではないかと思う。支援は「育て直し」という色合いを濃くするから、それはおのずと、養育期の愛着の疑似的追体験から始められる。キーパーソンとなる支援者との愛着関係や基本的信頼関係をつくり、感情、共感などの再構築をはかる。「生きている価値のない自分」をどうすれば「そんな自分でも生きていきたい」という方向へ向けて、少しでも踏み出すことができるようになるか。そのためのサポートはどうあればよいのか。少なくともわたしがかかわっていた支援の現場では、そのことが念頭に置かれてなされていた。

家裁の決定には「更生のケアー」という項立てがあり、鑑定主文を参考しながら次のように書かれていた。

「年齢的に、人格等がなお発展途上にあるから、今後普通の人間のような罪業感や良心が育っていく可能性がある。また性的嗜好も通常の方向へ発達される可能性がある。／当分の間、落ち着いた、静かな、一人になれる環境に置き、最初は1対1の人間関係の中で、愛情をふんだんに与える必要がある。徐々に複数の他者との人間関係を持たせるようにし、人との交流の中で認知の歪みや価値観の偏りを是正し、同世代の者との共通感覚や知識を持たせるのが良い。／また社会的な常識や良識を持たせたり、他人の気持ちを察し相手の立場を配慮して、適切に自己表現できる力をつけさせる等、現実的な対人関係調整能力を身につけさせるためには具体的な行動訓練により、一つひとつ教えていく必要がある」（p241）

養育の中で、多かれ少なかれだれもがやっている常識的なことしか書いていないではないか。あれほどの事件を起こした少年の更生が、こんなことで可能になるのか。そのような肩透かしめいた思いを抱かれるかもしれない。いまや援助技法は百花繚乱状態であり、それに応じて専門用語も飛び交うが、基本的にはここで述べられていることに尽きるのではないか。

もちろん言うは易しであり、この〝当たり前の支援〟をおこなうことがいかに苦労と忍耐を要するか、現場でケアに当たっていた人ならば、すぐに思い当たるだろうと思う。信頼関係をつくろうという試みが相手にとっては心理的侵襲と感じられたり、疑心暗鬼や被害感情を逆に増幅させかねない。攻撃やときには暴力行為が支援者に向けられる要因として働くこともある。そもそも支援されることに対して強い拒否を持っているケースもある。しかし基本的には、これまで述べてきたことが目指される。

お前は生活支援の現場しか知らないからこんな素朴なことを言うのであり、昨今は脳科学の研究も進み、専門的技法は科学的エビデンスに基づいたものとして発展しているはずだ、と感じるかもしれない。『精神療法 - 特集 暴力を振るう人々（加害者）に対する精神療法』（金剛出版、二〇一五年二月）所収、林直樹「概説：暴力の精神病理と精神療法」という論文がある。林氏は医師である。

冒頭、「1．暴力（攻撃性）の起源についての基本的な二つの考え方」と題され、暴力や攻撃性には二つの考え方がある。人間に生来的に備わったものであるとする考え方と、二次的に、人間の基本欲求（性的対象、食物や水、自尊心の保持）が充足されなかった結果、思春期になって集中的に生じる反応であるとする考え方の二つである、したがって治療も異なる、とされる。

「ここでとくに重要なのは、養育期における欲求が充足されなかったという体験（養育者との関係におけるある種の欠陥）からその後の暴力（攻撃性）の発現に至るという捉え方である。そこには、養育期における対象希求が拒絶されることによって攻撃性が発展すると主張するFairbairn (1952) の見解や、養育者との関係の欠陥によって自己対象関係（対象を自己の一部の関係のように見なす対人関係）が形成されるようになり、その関係の破綻から攻撃性が生じるというKohut(1977) の理解が含まれる」（p9）

では、二つの考え方はどのように相違する対策を導くか。

「（略）すなわち、前者では攻撃性（略）を暴力という形を取らないものにすることが目指されるし、後者では欲求が充足されないと言った問題の発生を予防すること、及び養育者によって欲求が充足されなかったことによって生じた一種の欠陥（個人間要因）を修復することが求められる。」（p9）

以下、わたしなりに受け取ったことを示してみる。

前者についての対策は、相手に対する怒りの感情があることを知り（気づきの体験）、メタレベルの感情認知に高めることで、怒りを、他の感情へ向けるスキルを身につけること。認知行動療法的な対応策が中心となる。後者にあっては、養育期の愛着を追体験すること。養育期の愛着欲求や承認欲求を体験し直し、愛着関係・基本的信頼関係をつくり、感情、共感、規範などの再構築をはかることが重要だとされる。

林氏の論文はここから、「個人内要因」と「対人関係に由来する要因（個人間要因）」に大別して論じていく。

暴力を誘発する個人内要因は、衝動や感情のコントロールの弱さ、情性欠如であること（共感困難で冷酷であること）の二つ。そして、脳の画像診断や、脳形態学研究、脳機能学的研究の最新の成果を報告していく。キーワードのつまみ食いのようなことになるが、

「画像診断による研究（略）において、衝動的な行動や感情刺激への過剰な反応性に関わる特徴（前帯状回皮質が小さいこと、嫌悪感情に対して扁桃体や海馬が強く活性化されること）を示す」

「画像診断による研究では、衝動性の高い反社会性・境界性パーソナリティ障害において、通常生じるはずの不安恐れが体験されないこと（一種の情性欠如）を示す右側側頭葉皮質、右最前部及び腹側前頭前野皮質の血流低下、扁桃体の機能の低下と言った所見が見出されている」……

林氏の論文は、このあと、「対人関係に由来する要因（個人間要因）」について論じていき、そこで

とりあげられているのが、愛着行動の問題と、心的外傷（ＰＴＳＤ）の問題である。愛着の欠如やＰＴＳＤが攻撃性を持ってしまうのは、「**それは、彼らが自己評価に重大な障害の反映であり、他者を自分自身と同様に尊重に値しない非人間的な存在として認識し、他者を支配するという願望を正当化して、暴力を発生させる**」原因の一つとされる。

以上が、「暴力と脳」という問題にあって、直近の生物学的研究が示すところである、と受け取ってよいだろうと思う。

引用が続いているが、滝川一廣氏の次の発言を引いて、この章を閉じたいと思う。わたしたちはなぜ少年Ａの事件に震撼させられたのかと問い、次のように話していく。

「**少年による常軌を逸した凶行や殺人自体は、記憶を呼び覚ませば、昔からある頻度で繰り返されてきたことなのです。しかし、この事件では、その凶行内容や犯人が中学生だったという驚愕や、それに乗ったセンセーショナリズムもむろんあったでしょうが、それはむしろ表層で、もっと奥のほうでわたしたちのなにかが深く衝撃された感覚がありました。この感覚は、阪神淡路大震災、さらにそれに続いたオウム・サリン事件と地続きのものだと感じました。**（震災は、…この世には壊れないものはないということを知らしめ、オウムの事件は、宗教という「こころ」の世界でも招き寄せられることを知らしめた）。**／神戸の事件は、社会全体のこうした壊れの感覚を背景として、またこの感覚をより浮き立たせるものとして起きたと思います。**（略）**／犯行は、この少年の資質にいくつもの偶然がなぜか必然のように巡りあわさって、かつて見ない特異でオリジナルなすがたをなしたものに違いありません。それゆえ、わたしたちを困惑させ、衝撃を与え、また、あえて言えば惹きつけもしたと言えないでしょうか**」（ｐ１６２）（『「こころ」はどこで壊れるか - 精神医療の虚像と実像』洋泉社新書ｙ、二〇〇一年)。

このインタビュー集を編みながら、精神医療とはどんなものか。心の病理はどう考えたらよいのか。社会の生起するさまざまな事件や事象からなにを、どう受け止めればよいのか。その基本的なところを学んでいった。滝川氏の冷静で深い洞察と自身とは比べるべくもないが、いくらかでもそのようにありたいと考えながら、ここまで、少年の事件について論じてきた。

加えておくが、少年犯罪の認知件数は減少し続けている。それがなぜであるか、その内実がどのようになっているか、少子化ゆえという一義的な理由によるのか。事件報道の第一面から退いてしまっているとはいえ、それは依然として重要なテーマである。多くの方々による広い視野からの分析による、新たな議論を期して待ちたいと思う。

(初出 「佐世保の事件と『絶歌』を読む」『飢餓陣営セレクション3 セラピーとは何か』[言視舎二〇一五年九月]。原文は対話体になっているが、通常の批評の形式に改め、大幅に加筆した)

第三章 新・事件論（2）

——さまざまな「責任能力論議」という視座

8 なぜ「責任能力論」だったのか
——二〇〇一年大阪教育大学附属池田小学校事件の衝撃

§1 責任能力とは何か——はじまりの問い

＊本稿は、「責任能力論」についてのもっとも初期の、二〇〇一年における論考であり、池田小学校事件の衝撃のなかで書かれている。なぜわたしがこのテーマに関心を持つようになるか、その問題意識がどのように始まっていくか、などについてリアルタイムで示している。以降の出発点ともなる論考であり、その点を読み取っていただきたく、現在の状況を鑑み不必要部分に削除と補筆を施しながら掲載した。教員時代の若書きではあるが、了としていただければありがたい。

▼はじめに——何を「問題」と感じたのか

二〇〇一年六月八日午前一〇時過ぎ、大阪の池田市にある大阪教育大学附属池田小学校に三七歳の男が乱入した。男は包丁を手にし、「顔色一つ変えず、目を見開いた状態で、本当に無表情」（六月九日「朝日新聞」夕刊掲載、校長談話）に逃げ惑う児童らの背中や胸に切りつけた。死亡した児童八名、負傷者一五名。男はこれまでに「精神分裂病」（当時）「妄想性人格障害」などの診断を受け、入院歴があり、現在も通院加療のさなかにあったと報じられた。

はじめ、精神疾患の疑いのある者の犯行かと見られていたが、すぐに詐病が疑われた。やがて詐病どころか、かなり周到に精神病の被治療者として自己を擬し、さまざまな犯行やトラブルを引き起しては、治療歴ありをアリバイとして、起訴されることを巧妙に回避してきた男のようだ、という方向で報道は進んでいった。

現在、わたしたちは、宅間容疑者についてのいくつかの情報を手にしている。かつても犯行歴があり、しかしその病歴のために起訴はされず、短期の措置入院で社会に戻って来たこと。自衛隊への入隊、バスの運転手など、さまざまな職についてはトラブルをきっかけとして短期間で次の職に移っていること。結婚―離婚を繰り返し、以前の妻に対して異常な執着を見せ、恐喝を繰り返していること。精神鑑定その他についての法律書を所有し、自分は何をやっても無罪になると嘘ぶいていたこと。精神科医であるという偽の名刺を作り、女性に声をかけていること。ある時期に父親に勘当されており、家賃の滞納や数百万の借金を抱えるなど、生活に困窮していること、といった情報がもたらされている。

そして七月七日の時点では、精神鑑定が決定し、拘置所へ移送された旨の報道がなされた。ここでの鑑定請求は、公判になったときの立件をより確実なものにするためであり、鑑定後に起訴されることは、ほぼ間違いないとも書かれていた。

ところで、わたしがここで取り上げたいことは、この池田小の事件それ自体ではない。宅間容疑者に関する情報を集め、その「心の闇」とやらをほりさげたいのでもない。この惨劇は、微妙な、しかしわたしたちの社会が乗り超えなくてはならない「問題」を、束の間、垣間見せた。その「問題」とは何か。なぜそれが微妙なのか。どのように「問題の形」にできるのか。本稿ではその端緒を探ってみたい。

▼「なぜこんな子を…」という感情

まず、小泉純一郎首相は、事件後、早速、次のようなコメントを発している。以下、抜粋して引用する。

「（略）これ昨日、国家公安委員長と文部科学大臣とも協議したんですけどね、精神的に問題がある人の、この医療法と犯罪を犯した刑法は、なかなか難しい問題がありますね。人権の問題、そして、逮捕されてもまた社会に戻っててね、ああいうひどい事件を起こすというようなことがかなりでてきている。／そこで今後、いま山崎幹事長にも今日、電話で相談したんですけれども、政府と党が両方こういう問題に対して法的に不備なところがある、と同時に医療の点においても、刑法の点においても、まだまだ今後、対応しなければならない問題が出ている。（略）」（「朝日新聞」六月一〇日付朝刊）

小泉首相は、目ざとく大衆感情をキャッチし、それを発信することに、これまでのどの首相よりも意識的に見える。わたしが発言を引いたのも、そのことによる。ことの是非や、事実の真偽、あるいは情報の精確さ以上に、大衆の何かを捕まえ、即座に発信する。その演出の巧みさによって八割以上の支持につながっているわけだが、ともあれそうした首相によって、右のようなコメントが出された。

端的に言おう。「社会に対し、何らかの不安や損害を与える存在を、これ以上、野放しにしてはおけないのではないか。そのためには法の改正も辞さない」。このコメントの真意はそうなる。おそらく「精神病の治療中の者の犯行である」という第一報の直後、この首相同様の「怒り」を抱いた人は、決して少なくない数だったと推測される。言ってみれば、誰もが抱いたであろう「こんな男を野放しにされたらたまらん」という大衆感情が、首相によってこのような形となって「発信」されたわけである。その危機感や不満は、詐病の疑いが明らかになるにつれて、とりあえずの収束を見せてはいる。しかしそれは機会さえあれば、いつでも噴出してくるものだろうと思う。なぜわたしが精神障害者の犯罪と、司法や医療の処遇をめぐる問題に他人事ではない関心を寄せるのか。その事情は次のようになる。

知的障害を持つ子どもたちと接してきたこの二〇数年の間、面と向かって「なぜ野放しにしておくのか」と言われたことはない。しかし「なんでこんな子を!」とおぼしきことを難詰された経験はある。むろん非はこちらにあるのだから――特に幼児などに対して何かしらのトラブルを引き起こしたときなど――引率したわたしたちは、ただただ詫びるだけであった。

たしかに彼らは、公園やデパート、レストランなどの学校外で、ときに〝騒ぎ〟を起こすことがある。多くの人たちは、彼らに対して「不安」を持っているだろう。まして理由もないのに突然パニックになって暴れ出したり(本当は彼らに固有の理由はあるのだが)、小さな子を突き飛ばしたりしてしまう行為など、理解し難いだろうし、許しがたいだろうことは容易に察しが付く。「なんでこんな子を!」と感じたとしても、そのこと自体を責めることはできない。

率直に言えば、そうした局面は、特別支援学校の教員としてのわたしにとって正念場だと思ってきた。安全第一を図り、彼らを社会から切り離して生活させることが望ましいのかといえば、まったくそんなことはない。社会のなかに活動の場所や居場所を多く作ることは、わたしたちの重要な仕事の一つだと考えてきた。少なくともわたしには、授業を創り上げていくことと同等の重みをもつ責務だと考えてきた。

しかしそこで、ちょっとしたタイミングでトラブルが生じてしまう。非はこちらにある。当の子どもも以上に、そういう状況を作ってしまったこちらにある。誰のせいにもできないし、逃げられない。

どう腹を決めて相手方の怒りに向き合うか。加えてわたしの場合、いまならば差し詰め「強度行動障害」といった診断名を付されるだろう子どもを、二年三年と受け持つことが通例だった。だから校外に出ての学習時は、準備万端、できるかぎり起こりうる事態を想定し、常時、臨戦態勢を整えておく必要があった。しかし子どもたちの前でひきつった顔はできないから、顔も体もリラックスをさせ、しかし心は常に臨戦状態。そうやって学校外での学習活動の充実を図っていた。

今回の事件の報道に接しながら、社会の反応に感じてきたことも、そこに通じている。「野放しなんかにはしていない!」。ましてや先の首相発言である。〝精神障害犯罪者〟がどのような法や制度のもとに置かれていくことになるのか。それが知的障害を持つ人々に、どのように適用されていくことになるのか。

＊

ところで、本稿のタイトルを「責任能力とは何か」としているが、司法理念としての「刑事責任」について、何がしかの意見を述べようとしているのではない。専門書をまったく覗かなかったわけではないが、「責任主義」の何であるかから始まり、「責任能力」の概念からその適用範囲や範例に至るまでが書かれており、その批判的吟味はにわか勉強などの及ぶものではない、とすぐに思い知らされた。今回はこの間の新聞報道を整理しながら「問題の形」を作ってみたい。

▼司法と医療の二重構造

先に引用した首相発言は、当然多くの波紋を引き起こすこととなった。しかし刑法改正と精神保健法の改正に対しては慎重論が大勢を占め、人権問題を考慮しつつ、法や制度の不備をどう整備するか、という方向に論調は進んでいった。〇一年七月六日の「朝日新聞」によれば、厚生労働大臣の発言として、医療関係者のみならず、司法関係者も加わった「司法医療審判所」（仮称）を全国に八カ所設置し、そこで措置入院と退院の判断をすること、審判所は裁判所の一機関であり、その長には現職裁判官をあてる等の構想を述べたという。

しかしここには厚労省と法務省の綱引きがあるとも記事は指摘する。つまり裁判所主導となれば「保安処分」のイメージになり、批判を招くと法務省側は言う。しかし、医師は「自傷他害」の判断はできるが、「再犯の危険性」を決定するのは司法の役割だといい、厚労省もそう主張する。司法と医療の意思の不統一は、これから検討を加える問題のなかで、随所に現われてくるだろう。改めて指摘するまでもないが、刑法は法務省の、精神保健福祉法は厚生省（現厚生労働省）の管轄と、それぞれに分かれている。さまざまな歪みが起因する一つは、この二重構造に求めることができる。

これまでの官僚・行政の組織は縦割りになっており、縦割りであるがゆえに、絶えざる縄張り意識を生じさせた。中間の領域にわたる問題に関しては責任の所在を押し付け合い、既得権は絶対に手放そうとはしない。そのような縦割り機構の限界が明らかであったがゆえに構造改革が言われ、省庁再編が断行されたはずなのに、結局何が変わったのだろうかと考えさせられることが多い。警察の相次ぐ不祥事、外務官僚のたび重なるスキャンダル。わたしたちがいま見せられているのは、既得権と責任をめぐるきわめて歪んだ例である。こうしたなかで法と制度の改変がなされたとしても、改悪にしかならないと危惧するのは、わたしだけではないだろうと思う。

厚労省の意向はともかく、医療現場の声ははっきりしている。例えば「精神科七者懇談会」（これは国内の精神科医の総意を集める唯一の団体だと書かれている）の緊急声明として、「容疑者や被告に精神医療を提供しながら、司法、医療の双方がともにかかわって責任能力を評価する制度を設けること」を法務、厚生労働両省に求めたという（「朝日新聞」六月三〇日）。この記事からも明らかなように、医療の側は、措置入院の解除決定の一切を委ねられている現行の制度に大きな不安をもっている。しかし司法の側はそこに踏み込むことを躊躇している、という構図が見られる。

なぜだろうか。弁護士や裁判官の絶対数が不足しており、過密スケジュールのなかで実務がなされているという現実があり、精神障害犯罪者の処遇にまで職域が及んだら、現実的物理的に不可能である、という危惧は推測できる。報道を追う限り、多くの司法関係者は、医療に対しては素人であり、その素人が精神疾患をもつ患者に対して何事かの判断を下す、というのは現実的ではないし、そのような責任ある立場に立つわけにはいかない、と危惧することもわからなくはない。

ところが逆に、医療従事者も法律上の問題や司法判断にあっては素人である。その素人である医療従事者が、結果として（特にクローズアップされるのが重大犯罪の事後である）、司法判断が引き受けるべき責任までも負わされているのが現実ではないか。司法の、〝精神障害者全体〟への関与ではなく、〝不幸にして犯罪を犯してしまった精神障害者〟の事後の判断に対する関与である。そのためには法の改変、もしくは新たな立法を必要とするのだが、しかしここで先の問題が浮上する。

「政治主導」の名のもと、新法の制定と現行制度の見直しについて、厚労相と法務相の見解が一致したとも報じられたが、（「朝日新聞」六月二一日朝刊）、すでに指摘した通り、責任所在の不明確な改悪とならない保証はどこにもない。すでに述べたように、司法と医療の二重構造が最初の課題なのだが、しかしこの問題はどうも根が深いようなのだ。

▼起訴前鑑定の問題

基本的なことを確認しておきたい。精神鑑定は捜査段階における起訴前鑑定と、裁判における本鑑定の二通りがある。わたしは新聞報道からの印象として、精神鑑定がやや濫用されていないかという危惧を訴えてきた（滝川一廣氏へのインタビュー集『「こころ」はどこで壊れるか』洋泉社新書y）。しかし、今回池田小事件の報道を追いながら、それにもまして起訴前鑑定の問題こそ重要ではないか、と考えるようになった。

朝日新聞では、「捜査段階で心神喪失などと判断された人の9割が不起訴処分になっている」（七月五日朝刊）と、9割という数字をあげている。また滝川氏はあるところで、八六年から九〇年の五年間のデータとして、殺人容疑者七三〇〇人、精神障害を疑われ起訴前鑑定を受けた者約八〇〇人、うち六九〇人心神喪失として不起訴という数を上げているから、朝日新聞の9割という数も妥当だと言える。

問題は、この九割近い数をどう考えるかである。滝川氏は先の論文で起訴前鑑定のメリット、デメリットを精神科医の観点から冷静に検討しつつ、「判断基準や妥当性を十分検証できるだけの資料がほしい」」と結んでいる。しかしこの朝日新聞の記事を読みすすめているうちに、いくつかのことが気になりだした。率直に言うならば、この起訴前鑑定は相当な問題を含んでいるというのがシロウト判断であった。

この問題は、先の滝川氏へのインタビュー集でも取り上げているが、「精神鑑定→精神疾患→不起訴処分→無罪放免」というのはおかしいのではないか、という漠然とした疑義が、そこでのわたしの質問の意図であった。滝川氏は、わたしのもちだした「精神鑑定→精神疾患→不起訴処分→無罪放免」という図式自体がおかしいことを指摘し、鑑定の判断と司法の判断は必ずしも重ならない、起訴以前の段階で病状が疑われる者は鑑定にかけられているだろう、九割近い数が不起訴処分となっているが、不起訴となっても無罪放免ではなく、措置入院という処遇におかれることになる。裁判で改めて心神喪失が問われるのは微妙なケースであり、むしろ例外である等々、基本的に踏まえるべき見解を述べている。これが一つ目の確認である。

二つ目。起訴前鑑定は、簡易鑑定と正式鑑定に分かれる。池田小事件の宅間容疑者は正式鑑定を受けることが決定し、拘置所に移送されたわけだが、およそ三カ月ほどの期間を要すると産経新聞において報じられていた（七月九日）。しかし簡易鑑定は、長くても一時間程度で一回の診察で結論を出すと朝日新聞の記事にはある（「産経新聞」では三時間程度、となっている）。そして費用が、簡易鑑定の場合は三万円、正式鑑定の場合は五〇万から八〇万円ほどかかり、そのため、「起訴前鑑定のほとんどは簡易鑑定だ」と書かれている。その「ほとんど」とはどれくらいの割合を占めるのか。またそれを裏付ける資料があるのかなど、留保は必要だが、単に時間と予算の理由だけによって簡易鑑定で済まされているのだとしたら、わたしたちは不安を覚えないだろうか。

なぜ簡易鑑定が過半であることに不安を覚えるのか。それは、一時間（から三時間）程度の診察でどこまで精度の高い鑑定となるかという問題である。先のインタビュー集において、滝川氏は次のように答えている。

《取調べ段階で鑑定がなされるのは、犯行状況や本人の様子からシロウト目にも病気のせいかもしれないと疑われたケースですね。念のために少し大きめに網が掛けられ、精神科医が鑑定で絞り込んでたしかに心神喪失としたものが刑法の対象から外される仕組みでしょうね》

わたしはこの時点では、なるほどそういう仕組みなのかと感じて聞いている。おそらく基本的にはそのようなものだと思われる。そしてそのように機能していることを願う。しかし朝日新聞の記事はさらに、ワープロで簡便な書状を作り、日時、固有名詞、病状を書き換えるだけの鑑定書が使用された例があること。心神喪失を精神病の診断のみで判断している医師が相当数いること。一人の医師が独占的に行なっていた鑑定を、三〇人が輪番で行なうようにしたところ、「責任能力あり」の鑑定が六割に増えたこと等、簡易鑑定がきわめて安易に行なわれているのではないか、と疑問視されていることなどが書かれている。

滝川氏は、精神科医のなす診断を生体の手術治療に、精神鑑定を死体解剖になぞらえて、診断と鑑定とはまったく異なる作業である旨を次のように説明した。

《鑑定は治療行為ではなく、鑑定の結果、治療が必要ということはあっても、それは結果で鑑定行為そのものは治療を直接目的とはしていません。司法鑑定を進めてゆけば、治療からは遠ざかりますね。逆に治療的な目的意識を持って関わったら鑑定はできないと思います。たとえて言えば、解剖と手術とは違いますでしょう。鑑定は、なぞらえればこころの司法解剖なわけです。鑑定とはこの人はこういう病態なのだとできるだけ明示してゆくのが仕事、治療とはその人を現にある病態からできるだけ遠ざけてゆくのが仕事です。》

福島章氏の『精神鑑定』（講談社ブルーバックス）によれば、起訴後の正式鑑定は、本人や家族への面接、数種の心理テスト、ＭＲＩやＣＴによる神経生理学的、脳医学的な検査などで、その資料は膨大なものになるという。おそらく簡易鑑定にあっては、犯罪調書の検討と面接だけによるだろうと推測される。滝川氏は先の論文で「ルーティンワーク」なる語を使用し、措置入院と起訴前鑑定について、そこからさらに踏み込んだ議論の展開となっている。病態が明らかな場合はまだしも、その認定が微妙な場合、たかだか数時間の面接で、どこまで認定できるかという危惧は払拭できないのである。

この問題が二点目。

さらに三点目。朝日新聞の記事中、検察は起訴前鑑定の段階で、容疑者が「責任能力なし」という診断が出るまで病院をたらい回しにされるなどの事実があり、「検察は有罪率を高めるため、公判維持できそうにない患者は不起訴＝措置入院に持っていきたい意向が働くようにみえる」と、ある精神科医の発言として書かれている（産経新聞も同様に「検察は高い有罪率を維持するために起訴しないのではないか」と記している。七月一日朝刊「凶行は防げなかったか」）。こうした、面倒な容疑者は病院に押しつけたがっているという不満は、他のところでもいくつか散見できた。事情通からすればここに引いた例など氷山の一角にすぎず、かなり杜撰な簡易鑑定が行なわれている、それが不起訴九割という数字になっている、というだろうか。

物事は光の当てかた次第で、まったく別の様相を見せることがある。起訴前の簡易鑑定の過半がそれなりに機能しており、むしろごく少数の例をこの記事が取り上げているのだ、ということも考えられる。現段階において、わたしにはそれを判断する材料はない。滝川氏が示してくれたようなかたちで、それなりに順当に機能していることを願うしかないが、氏の今回の論にあっても、起訴前鑑定が問題としてせり出していることがうかがえる。

なぜこの起訴前鑑定を重く見るかと言えば、池田小事件の容疑者が、それ以前の犯行における捜査段階での判断がもし簡易鑑定ではなく、正式な精神鑑定を受けていたら事態は異なるほうに動かなかったか、と無念さを覚えるからだ。繰り返すが、わたしは朝日新聞の記事をもとに書いており、即断や予断は避けなくてはならない。しかし池田小事件は、措置解除をした精神科医個人に責任が帰せられる問題ではなく、ひとつには措置解除の判断が医師一名に任されているという制度の問題であり、もうひとつは措置入院後の医療的ケアという精神医療制度の全体にかかわる問題である。

▼「責任能力」の現場における混乱？

しかし問題はここに留まらない。「責任能力」の有無の判断は、先の論文における滝川氏も指摘しているように、きわめて高度な司法判断（のはず）である。しかし記事を読む限り、その判断の所在は曖昧だと感じる。文中の、元検事の弁護士の発言を引く。

「責任能力があれば、重大事件であろうが小さな事件であろうが起訴する。しかし起訴前に行う精神鑑定で『責任能力なし』との結果が出たら起訴できない。我々は精神医療の専門家じゃない。医師の判断を覆すことなんてできない」

と、書かれている。わたしのなかで、ここにいたって「責任能力」という概念は混乱する。この発言をした現職検事や弁護士は、故意に「責任能力」の判断の所在を精神科医に転嫁しているのではないか。いったい不起訴処分を判断するのは誰なのか。二重構造の弊害が、このもっとも肝心の現場中の現場において端的に現われてくる。

「責任能力」とはある水準においてはきわめて抽象的な理念である。

「ものごとの善悪の判断ができるかできないか。その判断にしたがって自分の行動を律することが出来るかどうか」

一般論としてはそのようなものだとわたしも納得する。ちなみに、六月二八日、幼女連続殺人事件の控訴審判決が下されたが、その判決文の要旨では次のように書かれていた。

《第二、責任能力に関する事実誤認の主張について

1原判決による被告人の責任能力の判断方法について

被告人の精神状態が刑法39条にいう心神喪失または心神耗弱に該当するかどうかは法律判断であって、専ら裁判所にゆだねられるべき問題である。その前提となる生物学的、心理学的要素も、その法律判断との関係で究極的には裁判所の評価にゆだねられるべき問題というべきである。／原判決の認定判断は、各犯行ないし被告人の生活状況などにおける被告人の行動そのものに了解可能性や被告人の異常もしくは病的な精神状態があるかどうかについてのものである。／このような認定判断は、精神障害の種類や程度などに関する精神医学上の診断ではなく、生物学的要素にその是非弁別能力や行動制御能力に与える影響という心理学的要素を総合して行う規範的評価としての被告人の責任能力を判断するために、その前提として関係証拠および経験則に従って行われるものである。／換言すれば、この認定は裁判所の評価にゆだねられ、精神医学の専門家による事実評価に関する意見に依拠する必要のない判断ということができる。／原判決による被告人の責任能力の判断方法に誤りはない。》（産経新聞六月二九日朝刊。なお読売新聞の判決要旨ではこの項は省略されており、朝日新聞は要旨自体が掲載されていない）。

長々と引用したのは、「責任能力」があくまでも裁判所における判断であることを強調していることによる。生物学的、心理学的要素も裁判所にゆだねられ、精神医学の事実評価に依拠する必要がないと明言されている。従って再度引くが、「しかし起訴前に行う精神鑑定で『責任能力なし』との結果が出たら起訴できない。我々は精神医療の専門家じゃない。医師の判断を覆すことなんてできない」と述べる現職検事の発言は、故意の誤用か、責任能力の何であるかの履き違えか、記者の書き誤りだということになるが、いかがだろうか。

もし万が一「責任能力」の判断に関して、起訴以前の、現場中の現場である検察捜査段階にあって、検察と鑑定医双方になんらかの履き違えがあるならば、それは重大な疑義を生むことになる。なぜなら宅間容疑者が「自分は何をやっても無罪になる。なぜなら精神病だからだ」と言ってはばからなかった愚かな論理を、検察自らが裏付けていることにならないか、と危惧されることになるからである。

▼「責任能力」とは何か、と問うために

「責任能力とは何か」などという問いは、言葉遊び、観念の遊びの類いであると言われるだろうか。もう一度わたしのモチーフを確認してみる。

池田小の事件の容疑者は精神疾患の治療中であり、薬を大量に飲んで犯行に及んだ、という第一報の後、「なんであんなヤツを野放しにしておくのか」という「声」が、報道のそちこちから沸き起こった。詐病の疑いが大きくなったとはいえ、首相発言とともに、精神障害犯罪者の処遇をめぐる法的な整備の動きが具体化しはじめた。「あんなヤツ」とは「責任能力」のない者、法の裁きを受けない者の謂いである。わたしは知的障害を持つ子どもたちの教員を続けてきたが、彼らの多くもまた「責任能力」がない、または疑わしいとされるだろう。つまり彼らもまた何か事が起きたときには「なんで野放しにしておくのか」と言われかねない存在である。そのことが、わたしを動かした初発のモチーフであった。しかもその宅間容疑者は、自身の責任能力の有無を、自身の手で操作しようとしていた。

そして調べていけば、責任能力が判断されるまでには、司法と医療という判断主体の二重基準とか、司法と医療の「責任能力概念」の違いとか、簡易鑑定はどこまで信頼性を担保しているのかとか、いくつかの不透明な課題が浮かび上がってきた。わたしのなかで「責任能力とは何か」という問いが、

強く喚起されたのである。

じつは、「責任能力」なることばに立ち止まったのは、滝川氏へのインタビュー集を編んでいるときまでさかのぼる。インタビューのなかで、「責任能力がないとされるのは、分裂病（統合失調症）と、それから？」というわたしの問いに、滝川氏は分裂病は病状にもよるが、まあそうだろうと答えた後、

《責任能力という概念自体、わかりづらくて、少なくともわたし自身恥ずかしながら消化できていません。ですから、なるべくこのことばなしに考えてみましょう》

と答えた。わたしは意外な感じを受けた。じつはこの時点で、重度の精神障害及び知的障害＝責任能力なし。一四歳未満のものも年齢ゆえに責任能力なし、ときわめて単純に考えていた。そして池田小の事件である。宅間容疑者は、その短絡した図式を転倒させ、責任能力なしの無罪になるためには精神障害者になりおおせればいいと考えた。こうした経緯の中で、「責任能力とは何か」という問いが、わたしのなかで大きくなっていった。以前、あるインタビューにおいて一人の弁護士の方が、一般論として実際の適用の可否はどのような判断に基づくのか、個別の事例によるのかというわたしの問いに、《しかし、それを実際に適用するということは、きわめて難しい。何か明確な基準があるというものではないですからね。》と述べるに留まった。

「責任能力」なる語は、明瞭なものとして流布している。多くの人は疑わないのではないだろうか。しかし、精神科医の滝川氏は「消化できていない」と言い、弁護士の方は「難しい」という。確かに「ならば責任能力とは何か」と問うと、ある分かり難さが生じてくる。しかしわたしの問いは、司法

概念として分かりにくく、その分かりにくさを明らかにしたいということとは、少し違っている。ここから先をどのように考え進めたらよいだろうか。

＊

ここで少しばかり整理してみたい。

・「責任能力」の「責任」とは、いうまでもなく刑事責任である。したがって、責任一般よりも、その概念は限定的である。同義反復のようになるが、「責任能力」概念と、刑事責任能力ともまったくのイコールではない。

・「責任能力」なる語は、刑法には出てこない。刑法は、次のような条文によるものである。

《「第七章　犯罪の不成立及び刑の減免」

「（心神喪失及び心神耗弱）

第三九条　心神喪失者の行為は罰しない。2心神耗弱者の行為は、その刑を減免する。」》

これだけの条文である。第七章の、犯罪の不成立と減免にあたるほかの項目は、「正当行為、正当防衛、緊急避難、故意、責任年齢、自首等」となっている。「心神喪失」や「心神耗弱」のなんであるかは、刑法を読むかぎりでは明記されていない。

・もう一方の「精神保健福祉法」をひもといてみても（正確には「精神保健及び精神異常者福祉に関する法律」）、やはり「責任能力」ということばはどこにも明記されていない。

・一般的抽象的に問うていっても、おそらく先の弁護士の方の答え以上のものを導き出すことは考えにくい。確かに司法理論の著書をひもとけば、責任の認定の所在から始まり、その本質について書かれている。そして「責任能力」なるものの意義や「責任能力」と責任との関係、責任能力の存在をどこに見とめるか（実行行為時か原因行為時かなど）。あるいは「責任無能力」の概念について等々、詳細な理論が書かれている。しかしそれをにわか勉強なりに理解し、納得したとしても、おそらくわたしの疑問は氷解しない。

・あるいは「責任能力」とは、刑事事件の現場にある検察官や、法廷における裁判官が、具体的個別的事情、罪の重大さと社会的影響力、社会的状況などを鑑みながら、その有無を判断するという実践のなかにしか答えはないのではないか。あるいは個別事情を腑分けして、その有無を導いていく実践そのものが答えなのだと言ってもいい。

・もう一つ言えることは、「責任能力」が社会問題として顕在化するときとは、それが疑わしいときと、そこに矛盾や不公平感を強く感じるときである。

・「責任能力」が認められ、法の前に立つとは、法が前提とする近代的個人として認められることであり、法の裁きを正当に受けることは人としての権利を十全に確保することである。逆の場合はどうか。精神障害者の声として、もし犯罪を犯した場合は、法のもとでしっかりと裁かれたいと願う声が、ときに報じられる。むろん病態の程度によるだろうが、この声には納得できるものがある。

こうやって整理らしきことをした後になっても、やはり、この先をどう進めたらよいかという問いかけがもう一度出てくる。

▼不合理への問い

ここまで書いてきて、一つだけ明らかになったことがある。「責任能力とは何か」という問いは、あるひとつの事態が、背理する二つの現実を生む場所から発せられたものだということである。つまりわたしは、教科書的な理念や概念を問いたいのではなく、人間や制度をめぐる合理がいつのまにか不合理になってしまうような、そのような事態から生じた問いなのである。

例えば、これまで起訴前の簡易鑑定の問題を取り上げてきた。裁判を維持する負担を考えると、検察が不起訴処分にするという判断には合理性がある。また犯罪被疑者に精神障害が疑われるならば、早期に病状を認定し、医療の対象とすることは基本的に間違いではない。適確な鑑定をし、迅速に医療のもとにおくこと自体は、きわめて妥当なことだった。しかし妥当だったはずの制度がいつのまにか背理を生み出している。それが今回の、池田小事件の容疑者が示したことであった。

わたしたちは、猟奇的・凶悪的犯罪＝精神鑑定＝心神喪失＝無罪放免という漠とした「空気」のなかにおかれている。それ自体は誤解である。しかしまたわたしたちは、法や正義の「壊れ」や「不合理」の感覚や無力を感じてもいる。その無力感の底流にあるもののひとつが、「精神鑑定＝無罪放免」という漠とした「空気」であり、それが本当に誤解なのかと問うたとき、不起訴率九割という数字が、無力感を裏付けるものとしてわたしたちの前に現われてくる。「責任能力」とは、責任主義という法理念とともにあり、「九割」という数字は法理念そのものを空洞化させていないかと危惧される。

本稿では、不十分ながら、問題の入口として、とりあえずこのようなことを記しておきたいと思う。

（初出『飢餓陣営』22、二〇〇一年八月）

＊この原稿を執筆してから一二年後の二〇一三年、池田小事件の鑑定医である岡江晃氏によって、『宅間守精神鑑定書』（亜紀書房）が刊行された。その後、医師の竹島正氏を経由して、晃氏の弟である岡江正純氏へとつながることができた。その便宜を受け、わたしが主宰する勉強会に、京都在住の岡江氏に東京まで足を運んで参加していただく僥倖に恵まれた。氏は重篤の病にありながら会に臨まれた

ばかりか、急ぎ作成した講演原稿に目を通し、『飢餓陣営』に掲載の許諾をくださったのである。

そこでの講演は「遺稿・刑事責任能力と精神鑑定」として、討議は「岡江晃氏を囲んで - 精神鑑定と臨床診断」として、拙誌四〇号に掲載することができた。それをさらに『飢餓陣営せれくしょん2『宅間守精神鑑定書』を読む』(言視舎)としてまとめ直しているが、その際わたしは、鑑定書の書評を書下ろしている。改めて岡江氏への感謝と追悼をこめて、その原稿をいくらか補足しつつ以下に示したい。

§2 岡江晃『宅間守精神鑑定書』(亜紀書房)を読む
――精神鑑定書の苦闘

本書は文字通り、大阪教育大学附属池田小学校事件の加害者の「精神鑑定の書」であり、このような著作が世に出るとは、まったく思ってもみなかったことである。すでに死刑執行がなされた後とはいえ、医師が、自身の担当した刑事被告人の鑑定書を公にすることに対しては、賛否両論が噴出するかもしれない、と半ば危惧しながら考えていた。

ところがこの間、まるで事件にも、本書にも触れること自体を避けているかのような、自粛したメディアの雰囲気を感じてきた。

さらに本書が上梓されて間もなくの、二〇一三年六月二八日午後、練馬区立の小学校で、下校時の児童三名が刃物をもった男に襲われ、負傷するという事件がおきた。校門のすぐ目の前だったという。この事件と本書との因果関係が取りざたされるのではないか、とも思ったが、それもまた杞憂に終わった。不幸中の幸いというべきか、被害児童の命が奪われるという最悪の事態は免れることができたものの、加害者の心情、犯行に至る経緯など、これは〝小さな池田小学校事件〟ではないかと思われた。

本鑑定書を読了した後だったので、わたしのなかでいっそう類似性が増幅されたのかもしれないが、いつどこで、どのようなかたちで同様の事件が引き起こされるか、決して終わったわけではないのだということを、昨今のこの事件は示唆した。

ともあれ本書は、宅間守というきわめて不可解な人物を知るための、第一級の資料となった。あとは本書を、わたしたちがどこまで生かすことができるか、その力量を問われることになった。

*

改めて記しておけば、大阪市附属池田小学校事件とは、二〇〇一年六月、小学校内に包丁を手にした一人の男が乱入し、児童や教諭を次々と殺傷していった事件である。公判のあいだ一切〝反省〟めいた言葉は口にせず、世間や自身の家族、被害者を呪詛し続け、一刻も早く死刑を執行せよ、と繰り返していた。死刑判決が出されたのは〇三年八月。弁護人は控訴したものの、本人がそれを取り下げ、刑が確定した。執行は一年後の〇四年九月だった。

九〇年代、学校の安全神話はいまだ残っていた。「学校を地域に開放し、日常的に校門を閉じない」ことが是とされるという（あるいは〝地域に開かれた学校〟を自分たちの特色として前面に打ち出していくのだという）、考えが歓迎され、あちこちの学校で進められていた。しかしこの事件を境に、安全に対する教育行政と学校管理者の意識は一変していく。

いや学校のみならず、九五年の地下鉄サリン事件や連続する少年事件が「安全神話」を脅かし、この池田小学校事件によってそれは決定的に潰えた。「格差社会」や「監視社会」の進展は、このようななかで進んでいくことになる。

＊

さて、『宅間守精神鑑定書』を通読し、まずは宅間守という人物のけた外れのルサンチマンに、改めて驚かされた。愕然とさせられたといってもいい。精神鑑定書という特殊性も加わっての印象かもしれないが、日々、誰かへの怒り、恨み、ねたみ、嫉み、恫喝、といった他人を呪う感情だけを増幅させながら生き、そうやって過ごしてきた人生の呪詛が、事件当日にすべて集約されてしまう。そんな印象さえ覚えた。

事件直後から始まる報道によって、彼の支離滅裂としか言いようのない言動ぶりはわたしのなかでは周知のものだったとはいえ、幼少期からの言動が集められ、時間を追って記述されていくと、なるべくしてなってしまった人生、という気がしてならなかった。それが妥協の余地なく描かれ、そのことがこの本の、そして宅間守という人物の、最大の特徴であると思われた。

それを示すエピソードは、どこからでも拾い集めることができる。たとえば、車をわざとぶつけて金をゆすりとるや、それに味をしめて二度三度と釣りあげた請求をふっかける、応じない相手には家まで追いかけて怒鳴りこむというように、徹底して追い込んでいく。

あるいは女性への執着の強さ。はじめて会う際の身分詐称は当たり前。おだてたあげくに金銭の無心がつづき、やがて恐喝になる。女性と付き合うことはストーカー行為と同義であり、セックスはレイプであり、〝女は所詮金のなる木〟であり、などなど、そのスジのプロでさえここまではやらないだろう、と感じさせるほどの非常識な事実が記述されていく。

もうひとつ、父親と母親への恨みつらみの激しさも人並み外れていた。加えて前妻への激しい執着。これまたとてつもないものであって。当時より流布されていた情報であったとはいえ、医師の手で語られると、そのインパクトは尋常ではなかった。

＊

二つ目に印象深かったことは、宅間守という人間の幼少期から少年期への生育史。

早期から衝動的で、一人で外に飛び出していくや、すぐに姿が見えなくなってしまう多動性。言い出したら父親の言うことさえ聞かない頑固さ。自分の言う通りにしない他児への暴力行為を、平然とおこなって気遅れるところがないというように、後年の特質を、すでにはっきりと見せている。

長ずるにつれ、輪をかけて攻撃性と自己中心性が激しくなり、思春期とともに、病理とおぼしき性格的な偏りが現われ始める。他人の視線に対する過敏すぎる反応、とめどなく溢れる猜疑心、攻撃性、女性への関心と激しい性衝動。

しかしまた一方では小心者だった。だから不良グループには入れなかったし、トラブルを引き起こすたびに、仕返しをされるのではないかと脅えてもいた。この小心さが、猜疑心とルサンチマンを膨れ上がらせていく原動力になっている反面、人格の多面性や複雑さを作る大きな要因になっていると も思えた。

ところが本人は、自分の人生を狂わせたのは父親と母親の裏切り行為であり、三番目の妻に愛想を尽かされたことだ、と頑なに思いこんでいた。この思い込みは輪をかけて大きくなっていく。うまくいかないことがつづくと、すべてをリセットしてやろうという破壊衝動が生じ、その通りのことを実行に移してしまう。そんな傾向も幼少期からすでにその萌芽を見せていた。

「今回の事件も僕は悪くない思てる訳、僕は僕を作った親と親戚縁者、取りまく祖父母兄弟親戚縁者の責任と、後は運が作用してる思てる訳、（以下略）」

一事が万事この調子であり、できの悪い頭に生まれたのは自分のせいではない、生みつけた親のせいだ、と死ぬまで語りつづけた。

＊

三つ目。「第四章　現在症」から医師（著者）自身の所見が述べられ、第五章では「診断」をめぐって考察が加えられる。これらの記述がもっとも関心を惹かれたところだった。診断マニュアルを用いて鑑別作業をくり返し、結局どの項目にもあてはまらない、と明らかにしていくあたりの医師としての苦渋。

鑑定は、なんらかの病理に分類して診断を下し、その病理と事件との因果関係を腑分けしていく作業だといえるだろうが、司法精神医学は、ときに、大きな自己分裂を強いられることがあるのではないか。

重大事件であればあるほど、一方では精緻な診断（鑑定）が要請されるはずである。しかし司法は、法の許す範囲で社会の処罰感情にも応えなくてはならないが、一方の司法精神医学は精神医学の一領域である限り、社会防衛に一〇〇パーセント与することには慎重にならざるを得ない。

くり返すが、原理的に、医学の向かうベクトルと司法の向かうベクトルは完全には一致しない。また一致させてはならない、という方向で近代の法体系も、精神医学の倫理も築き上げられてきた。それぞれは、それぞれから独立していなくてはならないし、どちらかがどちらかに仕える、などということはあってはならない、というのが基本的な大原則だった。わたしはそのように理解してきた。

しかしときに、この大原則が大きく揺るがされることがあるのではないか。司法精神医学自らが抱え込んだ背理に、激しく苦闘するという時間をもたらされることがあるのではないか。本書を読み進めているうちに、医学と司法の見えざる衝突や葛藤が（著者が直接記述しているわけではないが）、行と行のあいだから、うめき声のように届いてくるのである。

宅間守という人物の〝異常性や特異性〟は際立っているが、しかしどの診断項目にもあてはまらない。したがって病理とは分類されない。刑事責任は軽減されない。――そのような鑑定に至り着くまでの鑑定医の心情が、初見や診断が述べられる章に、苦闘の痕跡として刻み込まれているのである。ここまで鑑定医の内面をそのまま映す精神鑑定書は、おそらく他に類を見ないのではないか。この三点を、本書の特徴として述べておきたいと思う。

＊

ここまでが「さまざまな支援の本」と題し、『飢餓陣営せれくしょん2 『宅間守精神鑑定書』を読む』（言視舎、二〇一四年一二月）で書いたことであり、以下はその補足である。

＊

鑑定に当たって医師たちがまず見るべきは、被鑑定人になんらかの病理を認めることができるかどうか、できるならばその病理が犯行行為にどのような影響を与えているかである。中でも大きな岐路となるのが「統合失調症」の有無であり、岡江氏も先の講演や討議でその点を強調しておられた。とくに苦慮したのが、宅間守が「**いずれにも分類できない特異な心理的発達障害があったと考えられる。この延長線上に青年期以降の人格がある**」点であり、「**問題の中心は、まず、個々のあるいは全体としてその精神症状を表すに適切な精神医学の専門用語がどれもぴったりとこないということであり、次に、これらの思春期から青年期にかけて顕在化した精神症状は人格あるいは性格に含まれるものか、何らかの精神病により生じた精神症状なのか、そのいずれかでもないのかということである。さらに、何らかの精神病だとしたら、それは何かということである**」という。さらに「**最後までこれらについて、迷い続けたということも明らかにしておきたい**」（「第五章　診断　第一節　精神医学的考察」p316）と、書いておられた。

岡江医師がどのような鑑定結果を示したか、以下に引用する（誤解を与えないよう慎重を期すが、文責は引用者にある）。

「以上のことから、第一に、宅間守をめぐる社会的・経済的状況（収入の不安定など）は徐々に悪い方向に向かっていた。（略）第二に、本件犯行前の宅間守にとって、殺人、大量殺人を想像することは、興奮を引き起こし、気分を高揚させ、エネルギーを奮い立たせるものであることは明らかである。（略）第三に、本件犯行前日までは、殺意は元妻に向けられ、しかも具体的に実行に向けて行動がなされていた。（略）第四に、元妻を殺すことを諦めるのと引き替えに、突然にエリートの子供たちのいる附属池田小学校を襲うことを思いついた。（略）権力への強い憧れと劣等感、社会的地位への憧れと激しい敵意がある。第五に、本件犯行を思いついたことについて、穿鑿癖・強迫思考、視線や音への過敏さ、あるいは元妻への嫉妬妄想は、直接的な影響を与えてはいない。（略）第六に、本件犯行の経過中に、幻覚、妄想などの精神病性の精神症状は全くなかった。第七に、本件犯行は、ある程度の計画性を持って、極めて冷静に実行に移されようとした。（略）第八に、本件犯行の包丁で刺すという行為に最後に踏み切らせた決定的なものは、情性欠如であり、著しい自己中心性、攻撃性、衝動性である。第九に、本件犯行前、その直前・直後にも、本件犯行が極めて重大な犯罪であるという認識があったことは明らかである。第十に、（略）現在宅間守は、被害者やその家族に対する反省、悔悟の念は全くといっていいほどない。（略）このことを表す言葉は、情性欠如しかない」（p366－367）

この「情性欠如」という言葉を、岡江氏は再三強調しておられた。これは反社会性人格障害とほぼ重なるとみてよいが、精神病理（特に統合失調症）ではないことをどう示すか、そこが引用部分で強調されている。

そして先ほども触れたが、「幼少期から青年期の入り口までの宅間守は、多動性障害、非社会性後遺障害という診断だけでは収まりきらない。心理的発達障害の一種であるアスペルガー症候群とはまったく異なっているが、相手の気持ちを理解する能力に問題がありそうだという点に共通点がある」（p302）という点に、岡江氏を囲む討議の際、同席した児童精神科臨床を専門とする滝川一廣、小林隆児の両氏をはじめ、メンバーの関心が向けられていた。

岡江氏は先の講演の最後に次のように述べていた。

「責任能力については、結論に迷いがなかったのですが、ただ、迷いがないとは言っても、もし発達障害に該当するとすれば、発達障害がベースにある反社会性人格障害と、発達障害がベースにない反社会性人格障害を全く一緒といってしまっていいかどうか。これから先、司法精神医学で考えていかなくてはならない宿題ではないかと思います」（p26）

（書下ろし）

9「刑法三九条削除」論の向こうにあるもの
——二〇〇四年埼玉・所沢事件

＊二〇〇七（平成一九）年の法改正によって、〇八年一二月より、「被害者参加制度」が施行された。故意に命を奪った「殺人」をはじめとするいくつかの重大事件に、被害者やその遺族から申出があり、裁判所が許可したときには、「被害者参加人」として、刑事裁判に出席することができるという制度だった。本稿はそれ以前の〇四年に書かれているが、私見では、刑事事件における「被害者・遺族」の存在が大きくクローズアップされるようになるのは、〇一年の附属池田小学校事件以後のことではないかと思う。同時にこの時期は、少年事件における被害者の在り方と、「刑法三九条」に対する異論が社会的に強く前景化し始めてもいた。すべて削除せよとする意見、「心神耗弱」を不要とする意見など、いくつかのバリエーションを見せながらも、少年法のさらなる厳罰化の主張などとも相まって、当時、「三九条削除論」は少なからぬ影響力を見せていた。

もう一つ看過できないことは、時代が「小泉—竹中構造改革」を受けて新自由主義的な色合いを濃くし、同時に「自己責任論」を訴える声が高まりを見せている、そのような時期でもあったことである。「責任能力論議」に少しばかり深入りしていたわたしは、刑法の考え方やその運用は、時代の動向を何らかのかたちで反映するのではないかと考えるようになっていた。評論家の呉智英氏の協力の下、『刑法三九条は削除せよ！　是か非か』（洋泉社・新書y）を編んだのはこのような時であり、本稿は書下ろしとしてそこに収録されたものである。わたしはこの時期、〇一年の浅草での事件に続き、本稿の主題となる埼玉・所沢事件の取材に入っていた。この取材を通し、「三九条削除論」が、およそ現実から遊離した主張であることを確信した。前節の「責任能力とは何か」と同様、勢いに任せた若書きの観の強いものではあるが、多少の字句訂正を施し、当時のまま再録する。

§1　刑法三九条、そのさまざまな難問

▼「三九条削除」の主張が動機とするもの

刑法三九条の削除を主張する声が聞かれるようになっているが、それが最も深い部分においている動機は何だろうか。おそらく、犯罪被害者とその遺族の不公平感、やり切れなさの増大をうけ、その不合理への異議申し立てではないかと思う。ご存知のように、検察官が被疑者の「ただならぬ状態」から公判維持の不可能を判断し、起訴を断念した時点で、事実関係や被疑者についての情報の一切を知ることができなくなる。被害者は支援のないまま孤立無援の状態で耐えつづけなくてはならない。

おそらく犯罪被害に遭遇した人びとの唯一の支えは、加害者になされる「法の裁き」であり、そこで執行される刑罰である。やがて判決が下り、刑務所の中に隔離される。人としての基本的な権利が剝奪される。一日でも、一カ月でも長く社会から遠ざけてほしい、苦しんでほしい。――このことを唯一の心の拠りどころとして、日々を暮らしているだろうことが推測される。そして被害が甚大であればあるほど、この思いが強まるだろうこともまた想像に難くない。だからこそ、加害者がどんな人間であろうとも（「障害」があろうがなかろうが）、とにかく「法」の前に立ってほしいと願うのだろうと思う。いや、そんなことをしても空しいばかりで、何一つとして救いになるものはないのだ、と

感じる方もおられるだろうこともまた容易に推測される。

ともあれ、刑事裁判の被告人として法廷に立つとは、基本的には氏名が公表され、当該の事実の詳細が明らかにされ、それ自体がひとつの社会的制裁である。裁判では傍聴人の立会いを原則として認めなくてはならないから、「かくかくという人物が、これこれのことをなした」ということが、メディアや一般の傍聴人を通して広く社会に公開されることになる。これは、それ自体が社会的制裁である。つまりは法の裁きにはならないとしても、社会的制裁がなされる可能性が残ることになる。刑事罰を与えることができなくても、せめて社会的制裁を加えてほしい。おそらくそこに、一縷の望みを託しているのだろうと思う。

ここにあるものは何か。言うまでもなく、ひとつは罪を犯したものがなぜ罰せられないのか、という、シンプルではあるが、もって然るべくの問いである。そしてこの問いは、無念さと、それを晴らしたいと願う報復の感情でもある。

▼犯罪被害者の置かれる位置とその苦しみ

もう一つある。かつても、そしていまも、刑事裁判は被害者のためになされるものではない。加害者が損なったのは、被害者の身体、生命、財産ではあるが、それは国家に対する侵害であると見なされ、加害者への報復や物理的制裁を、国家が肩代わりする、というかたちで独占した。犯罪とは、国家に対して罪を犯すことであり、刑罰とは、その罪に相当する量の罰を国家が命ずるものである。それが刑事罰の刑事罰たるゆえんである〔現在は、裁判員制度の導入とともに、被害者参加制度の下で、被害者やその遺族が被告人質問をしたり、自身の処罰感情を述べることができるようになっている〕。

このことは、犯罪の捜査取調べが始まったときから、被害者とその家族は当事者の座から下ろされることを意味する。それればかりか、逮捕当初は家族でさえ重要参考人であり、取調べの対象となる。殺人や強姦などの事件で、被害者やその家族が受けなくてはならない二次被害が言われるのもこのことによる（以下は、拙著『自閉症裁判』に詳述している）。

愛するわが子の無残な殺害を知らされ、その死体の確認に立ち会った直後から、四時間にも五時間にも及ぶ事情聴取が始まる。警察は、気持ちが落ち着くまで待ってなどくれない。事態はむしろ一刻を争っている。口調は穏やかではあるが、取調官の質問は詳細を極める。そして何人かが入れ替わり立ち代わり現れては、何時に家を出てどうしたか、どこで誰と会ってどんな話をしたか、と最初から同じことを微に入り細を穿ち尋ねてゆく。

「こっちは被害者なんだぞ、いい加減にしてくれ、と何度叫びそうになったか」。わたしがいま取材をつづけている、ある事件の被害者の遺族、その父親の静かな叫びである。このことがいかに過酷なことであるか。二次被害といわれるゆえんである。

また、捜査がどこまで進んでいるのか、逮捕前も逮捕後も、ほとんど知らされることはなかった、誰の裁判をしているのか、自分の子どもの裁判だとは思えなかったことが何度もある、とも母親は語った。国にすべてお任せしているから、とにかくその判断に従うしかない。どんな判決が出ても驚かないし、受け入れるつもりだ。父親は何度もくり返した。しかし、その言葉の奥にある無念さはいかばかりであるか。これが犯罪被害に遭った人びとの置かれた現状なのか、とわたしは黙って耳を傾けながら、その胸の内を推し量るしかなかった。

被害者となったとき、与えられるのは「犯罪被害者」というレッテル（記号性）と、国家が進めていく刑事裁判の「特別傍聴人」という傍聴席である。それ以外では蚊帳の外に置かれることになる。このことは、おそらく被害者の孤立を深める。なぜならば、被害感情それ自体が、まずひとを孤立させるものである。被害感と孤立感とはもともと親近的である。

さらには、「犯罪被害者」というレッテルが象徴性を強くすればするほど、孤立感情もまた深まっていく。情報化社会の今日、犯罪被害者はマスメディアにとっては欠くことのできない登場者であり、加害者の報道が人権への配慮などさまざまな規制のなかに置かれるようになった分、マスコミの取材は被害者に集中する。しかし、騒がれるのはしょせん他人事だからだ、とすぐに知ることとなり、そのダメージが追い討ちをかける。このことは、被害者をいっそう厳しい孤立のなかに置くことになる。

こうした現状を何とか打開したい。被害者こそもっとも重要な当事者の一人ではないか。当事者として守られてしかるべき被害者が、なぜ逆に、さらなる苦しみを受けなくてはならないのか。なぜ孤立しなくてはならないのか。犯罪被害に遭った人びとやその遺族が声を上げ始めたのは、おそらくこうした事情による。そしてこの感情が、刑法三九条の削除を訴えるもうひとつの動機である。

ここまで述べてきたように、報復の感情を少しでも納得させたい。当事者として、しかるべき位置に立ちたい。このような二つの動機を、三九条の削除を訴える主張の背後に推測することができる。つまり三九条削除とは、国家による犯罪者に対する報復と制裁の独占、という刑法のもっとも根幹の変更、という訴えをはらんだものであること。まずはこの点を確認しておこう。

▼責任能力と精神鑑定をめぐる議論の混乱と誤解

こうした動機のもと、三九条削除の主張は、「心神喪失」「心神耗弱」という言葉で示される「責任能力」なるものについて向けられている。ここには、いくつかの誤解と混乱があるように思われる。

刑法学の本を開くならば、犯罪が犯罪として成立するためには、①構成要件該当性②違法性③有責性、この三つの要件を満たさなくてはならない、とある。有責性、つまりは犯罪行為についてその行為者を非難しうること。「責任のないところに刑罰なし」という、近代刑法を支えるもっとも基本の原理である。三九条削除は、この要件の一つである「有責性」に向けられている。

ここでも再びくり返さなくてはならないが、三九条削除の主張は、意図するとしないとにかかわらず、「有責性」という近代刑法を支える基本理念への異議申し立てをもつ。シロウトなりに考えたとしても、法体系の全体に影響を及ぼさずにはいないだろうから、つまりは相当に大きなリスクを抱えた主張であると言える。

さて、責任能力がどのように問題視されているのか、少しばかり整理してみたい。

①この「責任」なる概念は「近代的個人」というフィクションを作るためにもち出されたものである。そもそも「近代」や「個人」という概念が変容、もしくは破綻しつつあるのだから、この「責任能力」という概念も、耐用期間の限界を迎えているのではないか。

②責任能力とは何か、と問うたとき、刑法学ではさまざまな定義を与えているのだが、何よりも、刑法典のどこにも、その何であるかが示されていない（第三九条1「心神喪失者の行為は、罰しない」、2「心神耗弱の行為は、その刑を減軽する」とあるだけである）。このことは刑法の大いなる欠陥であり、そこに責任能力の認定をめぐって紛糾する根本の原因がある。

③責任能力の有無を認定するためには、精神鑑定を決定的な材料とするのだが、その精神鑑定がどこまで客観性と科学性をもつものとして信用が担保されているのか。それを受け、司法判断は妥当なかたちでなされているのか。

ここには以下、四つの問題が付随している。

④最終的に責任能力を判断するのは誰か。司法か精神医学か。司法であるならば、裁判官か検察官か。精神障害が疑われる人びとの不起訴率がほぼ九〇パーセントとなっているが、この検察の判断が示す数字はどこまで妥当なのか。

⑤精神鑑定とは、犯行時の、ある尋常ならざる状態が「精神病理」と判断されうるかどうか（統合失調症などの生物学的診断）。もしそのように判断されるならば、その病的な状態が、犯罪行為にどのような影響を及ぼしたものか（心理学的診断）、ということについての鑑定である。しかし、ではなぜ鑑定結果が鑑定医によって異なるのか。そもそも責任能力なるものを精神科医が判断できるのか。また「詐病」を医者は本当に見抜くことできるのか。

⑥責任能力なしと判断されたとき、措置入院となるが、ここで本当に治療が行なわれているのか。完治しないまま社会復帰しているのではないか。また、入院期間があまりにも短すぎるのではないか〔不起訴、あるいは無罪となった時点で、現在は医療観察法の対象となる〕。

⑦精神障害者にとっても「裁判を受ける権利」がある。三九条はこの基本的人権の侵害であり、差別条項ではないか。現に、聴覚障害者の刑の軽減と無罪を規定した第四〇条は、その差別的な条項ゆえに、削除されている（第四〇条とは、「イン唖者ノ行為ハ之ヲ罰セス又ハ其刑減軽ス」とあり、平成七年に削除されている）。

こうした疑義は、おそらくいま、少なくない人びとによって共有されているのではないかと推測する。しかし、ここに示した問題の多くは未整理のまま差し出され、ときには誤解に基づいたまま疑義として提示されることがある。そして、それぞれがそれぞれの領域のなかだけで議論されている、という現状がいまもってつづいている。

▼責任能力とは司法判断である、が、しかし……

以下、いくつかの事実を示しながら、わたしなりの見解を述べていきたいと思う。

責任能力とは高度な司法判断であり、精神科医師による精神鑑定はこの判断材料である（むろん最大限に有力な判断材料である）。まずこのことが多くの誤解を呼んでいると思われる。さらにここに重篤な「精神障害・知的障害＝精神鑑定＝無罪」という誤解が加わることになる。

くり返すが、責任能力の最終判断は裁判所によってなされるものである。たとえば二〇〇一年六月二八日の「幼女連続誘拐殺人事件」の控訴審において、判決文の要旨として次のような文言が見られた。

第二、責任能力に関する事実誤認の主張について

1原判決による被告人の責任能力の判断法について

被告人の精神状態が刑法三九条にいう心神喪失または心神耗弱に該当するかどうかは法律判断であって、専ら裁判所にゆだねられるべき問題である。その前提となる生物学的、心理学的要素も、その法律判断との関係で究極的には裁判所の評価にゆだねられるべき問題というべきである。

（二〇〇一年六月二九日産経新聞朝刊より）

判決には、責任能力とは裁判所が判断するものだ、と明瞭に述べられている。この判断に従って、被告人には死刑判決が言い渡された。

しかし、ここにもうひとつの事情が加わる。先に書いたように、「犯罪白書」を見ると、精神障害が疑われる犯罪者の中で、毎年ほぼ九〇パーセント前後の人びとが不起訴処分となっている。つまり

この時点で、九〇パーセント前後の人びとが、「責任能力無し」と判断されている。言うまでもなくこれは、検察官によってなされている。そしてこのこと自体はけっして違法ではない。

ここには起訴便宜主義という、それ自体はきわめて妥当な考え方がある。つまり犯罪を犯したものが緊急の医療を要すると判断される場合、あるいは起訴しても裁判停止か無罪と判断される公算が大きいと判断される場合、検察官の判断で不起訴にできる、という制度である。これ自体は合理的である（ただしここで判断の根拠となるのは、当然ながら、起訴前の精神鑑定である）。

しかし、この不起訴率九〇パーセントという数字の背後には、刑事裁判における有罪率九九・九パーセントという、驚くべき数が控えている。つまりは起訴をするからには公判を維持させ、有罪としなくてはならない。事実かどうかわたしは確認していないが、検察官の点数主義があるとか、公判に持ち込んで無罪となったり公判停止となったりすることは、検察官にとって出世の階段からの転落を意味するとか、いかにもありそうな話が付随している。

ここで注意を促しておきたいが、わたしはすべてのケースを起訴すべきだ、と言いたいのではない。「責任能力とは何か」と問うたとき、まずこの段階で責任能力なるものが空洞化されていないか、と危惧するのである。なぜならばここで判断の根拠とされるものは、被疑者のための判断ではなく、検察官にとって公判を維持できるかどうか、有罪判決を勝ち取ることができるかどうか、そのことが優先されているゆえの数字なのではないか、という疑念を消すことができないのである。

以下さらなる推測ということになるが、そのときになされる起訴前の鑑定が、重大事案は別として、検察官の意思とはまったく独立して行なわれる、と断言できるかどうか。起訴不起訴の有力な判断材料として起訴前鑑定はあるから、九〇パーセントという数字は、ほぼ鑑定結果と近似を示すはずである。疑わしきは罰せず、ではなく、公判維持が疑わしきは責任能力なし、の判断がなされているのではないか。その結果が九〇パーセントという数字となっているのではないか。そのことを危惧するのである。

いくつかの公判を傍聴して痛感したことは、現行の刑事法廷は、有罪か無罪を争う場所ではないということだった。裁判官にとってはすでに「有罪」が前提とされており、判断すべきは、目の前の被告人にはどの程度の量刑がそうとうするのか。情状酌量の余地があるのか。もしあるならば、執行猶予をつけるべきか。おそらくこうしたことが、裁判官の決すべきことである。さらに加えるならば、このあまりに高い有罪率は、冤罪や誤審の可能性が、相対的に高まるだろうことを推測させる。また、責任能力の疑わしきは起訴せずの一方で、起訴されたからには執行猶予をつけてでも有罪判決をだす、とならないか、ということも危惧させる。

いずれにしても、九九・九パーセントの有罪率と、不起訴率九〇パーセントという数字を前にしたとき、ある留保事項を与えられることになる。それは仮に三九条を削除し、すべての事案を公判に持ち込むとするならば、この九九・九パーセントの有罪率という刑事裁判のあり方に再考を促さなくてはならないということである。言い換えれば、裁判所は「無罪判決」を許容しなくてはならなくなる。これが大前提となる。

さらに、法廷に立った被告人の障害や疾患が、もし重篤であるなら、どこかで公判停止という判断を下さなくてはならない。それを押してなお公判を維持するならば、非人道的であるという非難が今度は向けられることになるはずである。三九条を削除したところで、結局は同じ構造が維持されることになる。つまりは三九条削除という主張は、初めから不合理を抱えている主張だと判断されることになる。

▼「統合失調症＝無罪」という神話

次に精神鑑定について述べてみる。

ここでもいくつかの誤解がある。精神鑑定＝無罪という先入観は、最初の単純な誤解である。さらに精神病（統合失調症）＝無罪、というのも、あらぬ神話である。[*1] 最近わたしは精神科医の高岡健氏にインタビューをする機会を得たが、氏は次のように述べている。[*2]

統合失調症には責任能力はない、と考えられていた時代が昔はあったわけですけれども、昭和五〇年代の最高裁の第三小法廷の決定といわれているものがあって、そこをターニングポイントとして、統合失調症でも状態像によっては責任能力が限定的にはある、という考え方が台頭してきました。それから、寛解状態にある統合失調症の場合には、むしろ完全責任能力を認めてもいいという考え方も出てきました。その結果、統合失調症の場合でも、責任能力があり、と判断される場合が増えてきていることは確かだと思います。

統合失調症か人格障害か、そのどちらかで責任能力の有無の判断が分かれるケースが多いことは確かだが、ここで述べられているように、それがすべてではないという事実はもっと理解されてよい。なぜならば、まず統合失調症を病むその当人の方から、裁判を受ける権利がある、だから三九条をなくした方がよい、という発言を聞く機会があるが、それはこのような、重篤な疾患であっても有罪となるケースがあるではないか、それならば起訴し、法の裁きを受けることこそ、人権へ配慮した判断ではないか、という考えの上での発言ではないかと思われる。

このことを言い換えるならば、統合失調症が重篤の、不治の病である、という統合失調症それ自体への旧態依然とした理解（誤解）が「統合失調症＝心神喪失」という先入観をつくり、また司法判断へ大きな影響を与えてきたのではないか、と推測されることである。統合失調症は、通常考えられているより治る病気なのだ、と滝川一廣氏は言う。[＊3] それは大変な苦しみを伴う病ではあることは間違いないのだが、こうした理解が広く社会的に共有されることになれば、社会の受け止め方にも、そして司法の判断にも、おのずと変化が見られるのではないか。

統合失調症を病む人間にも裁判を受ける権利がある、という主張は、この疾患への誤解を正したいという動機に基づいている。いつも急性期にあるわけではないし、激しい幻覚や妄想を日常としているわけではない。医師の指示に従って薬物治療を受け、規則正しい生活を過ごす努力を怠らなければ、比較的安定した状態を保つことができる。そのときには社会生活を送ることに支障はない、そのような主張だと受け取ることができる。

もう一つある。それは、この「統合失調症＝無罪」という誤解が、精神鑑定はどこまで詐病を見抜けるのか、という疑念をつくっている大きな要因ではないかと推測されることである。統合失調症といえどもすべてが無罪となるわけではない、それは司法による判断なのだ、という認識が広く行きわたれば、事態はおのずと変わるだろう。この疑念は、精神鑑定への疑念であるとともに、司法へのそれでもあるのだ。

さらに、仮に詐病を見抜けないとしても、それがそのまま三九条廃止の理由とはならない。なぜならば、先にも述べたようにすべてを起訴し、法廷審議となったとしても、裁判停止をして治療処遇を優先させるべきか、司法処遇をそのまま続行させるべきか、その判断を迫られる局面がかならず出てくるからである。そのとき誰が、どう判断するのか。

そしてさらに、詐病を見抜けないことが三九条廃止の大きな理由であるならば、精神疾患が疑われるすべての被告人に対して、判決が出されるまで公判を続行しなくてはならない、という論理を貫かなくてはならないことになる。いわば治療の機会が奪われることになり、これはこれで甚大な人権侵害である。ある事件のある被告人はじつは詐病であり、鑑定は詐病が見抜けなかったではないか、だから三九条は削除だと主張する論者は、この難問を解決していない。そのようにわたしには思われるのだ。

▼精神鑑定がなぜ「科学」でなくてはならないのか

次はきわめて有力な疑念、精神鑑定はどこまで科学的なのか、という疑念について述べてみる。おそらくここでは、現在の社会状況全体への網の投げかけが必要とされるはずである。言い換えるなら、精神鑑定のみならず、精神医療全体がどのような社会的表象として現われ、どんな役割を果たしていると受け取られてきたか、ということをも視野に入れた考察が必要である。

以下は私見であるが、精神鑑定への疑念を募らせたことにはいくつかのターニングポイントがあり、それはきわめて深刻な事件を契機としている。まず、一九八八年の幼女連続殺人事件の被告人（当時）に対し、出てくる鑑定の結果がすべて異なっていた〔ここでは述べないが、わたしは現在、この点については、若干、見解を修正している〕。そして二〇〇〇年の佐賀バスジャック事件では、事前の医療処遇をめぐる意見対立が精神科医の間で起こった。

極めつけは二〇〇一年の六月に起きた大阪池田小の児童殺傷というなんとも痛ましい事件であった。この容疑者は、何度もトラブルを起こしては精神障害者を偽装し、あるいは簡易鑑定を潜り抜け、あるいは短期の入院をくり返していた。いわばここで精神医療と制度への社会的疑念が、沸点に達したといってよい。重大な犯罪に対し精神医療は無力であり、無力であるならば法の整備を図り、司法がもっと介入して対策を講じるべきではないか、という方向で世論が作られたことになる。

それから三年余を経て精神障害者医療観察法が可決されたのだが、これは、社会表象としての精神医療が、後退したことを告げる事態であった、とわたしは思う（ここに記しておくが、この法律は予防拘禁への道を開く、と精神障害者団体が強く反対し、多くのメディアに訴えたにもかかわらず、どのメディアもまったくこの反対運動を取り上げることはなかった。わたしが調べた限りでは毎日新聞がベタ記事で小さく扱っただけである。なぜ反対の声が封じられたのだろうか。いずれどこかで詳しく検討したいが、法律が可決されたことに匹敵する深刻な事態が、ここにはある）。

もうひとつ、九〇年代以降、一部の精神科医たちが、テレビを中心としたマスメディアにおいて果たしてきた役割も、看過できないものがある(＊4)。特にワイドショーを中心としたマスメディアのもつ基本的な性格を極論すれば、大衆の煽情と情報の消費である。このことを自覚できなかった精神科医たちは、事件があるたびにメディアに登場し、何かしらの診断名を開陳し、煽情に手を貸し、情報発信者として消費され尽くした。私見では、この振る舞いが精神医療全体への信頼性を大きく損ねた。控えめに言っても、精神医療の価値を貶めたことと無縁だったとは思われない。

この精神科医のタレント化（とあえて言わせていただくが）の背後には、社会全体の「精神医学化」現象があることを見逃してはならないと思う(＊5)。簡単に言えば、逸脱行動も、心身の些細な不調も、人間関係のトラブルも、家族の問題も、すべて精神医療のまなざしと管理のもとに置こうとする社会現象として定着したのである。いわば精神医療は大衆化し、大衆化することによって、持っていてしかるべき信頼性を失墜させたのではないかと危惧する。そして精神鑑定への不信は、こうしてつくられていった。これは双方にとって不幸なことであった、とわたしは思う。

そのときに金科玉条のごとく持ち出されるのが、精神鑑定の非科学性という常套句であるが、しかし、一度はつぎのように問うてみてもよいのではないだろうか。なぜ精神鑑定が科学でなければならないのか、と。再び高岡氏の発言を引く。(*2)

責任能力論というものは、結局のところ、精神科医がそもそも責任能力を判断できるのか、できないのかというところで争いがあるわけです。できるというのが可知説、できないというのが不可知説です。可知説と不可知説の両極に立っている精神科医は現実には少なくて、ほとんどの鑑定医は中間の折衷説に立っているわけです。

折衷説とは、平たく言えばこういうことです。生物学的診断は、精神科医であれば、それなりの能力さえ持っていれば誰でもできるわけです。しかし心理学的要件というものは直接には判断できにくい。従って、生物学的要件を元に心理学的要件を推測するしかない。推測した結果が鑑定医、すなわち精神医学者とそれから法律家、裁判官なら裁判官との間で合意がされていれば、それは責任能力論が成立する根拠になる。その合意のことをコンベンションと呼んでいます。

そのコンベンションを積み重ねていく仮定でできたがったのが、責任能力論であると考えていけばいいと思うのです。(略)

ですからこういう約束事というのは、あくまでも経験的なものの積み重ねでしかないわけであって、サイエンスかと言われると、サイエンスではないだろうと思います。(略)

精神鑑定は科学ではない。コンベンション（社会的合意）の積み重ねである。高岡氏は明確にそう言い切っている。この見解が鑑定医たちの間で、どこまで広く受け入れられているのかわたしは明らかにはできないが、しかし強く納得する。そして社会が問うべきは、精神鑑定がどこまで科学的かということではなく、鑑定医たちの示す鑑定がどこまで社会的了解を得られるものであるか。どうすれば信頼を得られるのか。得られないならば、それはなぜか。そのような共通の了解をつくっていくこと。どうすれば信頼を回復できるものとなるか、その道筋を探っていくことが重要なのではないかと思われる。

しかし、鑑定結果はほとんど一般公開されないではないか、と言われるかもしれない。原則的にはそうである。しかし精神医学や司法の専門書には、時にそれが開示されている。わたしは、こうしたものを見つけ出して世に問うことこそ、マスコミに携わる人間の重要な仕事ではないかと考えるものだがいかがだろうか。

シロウトがエラそうに断言してしまうが、科学ではないことをおそれる必要はないと思う。また科学ではないことを、必要以上に難じる必要もないとも考える。わたしは、科学など信じるに足りないといっているのではない。そうではなく、科学的な装いをしてさえいれば無批判に信じ込んでしまうことの危うさを言いたいのであり、その脆弱な妄信が、精神鑑定など科学ではない、科学でなければ信頼できない、という見解の背後に潜んでいないかと指摘したいのである。

ここにわたしの二つ目の留保事項がある。もし三九条を削除するならば、何らかのかたちで精神鑑定への信頼が回復されなくてはならない。それは司法精神医学内部の問題であるとともに、どのような制度であれば、誤りうる可能性を軽減できるか。それをチェックできる法や制度の仕組みを整えることができるか、という制度の考案と、社会的な了解の問題である。三九条を削除したとしても、司法精神医学をも捨て去ることなどはできないし、そうであるならば、どうすればよりよいものとすることができるか、その方向で考え進める以外にない。社会的了解を作るために重要な役割を果たすべきなのは、いうまでもなくマスメディアである。

▼削除を主張する人びとが触れずにいること――知的障害者の隠された問題

ここまで責任能力と精神鑑定の問題を中心として述べてきた。ここからは、知的障害や発達障害をもつ人びとの話となる。そして以下に述べる問題は、削除を主張する論者はどなたも視野の外においているものである。抽象的な議論を続けてきたので、ここでは「所沢事件」(二〇〇四年)と呼ばれる「児童連続暴行事件」の裁判の傍聴メモから、冒頭部分を引く。

弁護人「Aくん、わたしを知っていますか」/**Aさん**「しってます」/**弁護人**「わたしは弁護士と言いますが、弁護士ってどんな仕事をする人ですか」/**Aさん**「おはなしをするひと」/**弁護人**「そうか。じゃあ、Aくんの前に三人座っていますね。あの三人はどういう人か知っていますか」/**Aさん**「おんなの人」/**弁護人**「女の人もいるね。あの人たちは裁判官と言いますが、何をする人か知っていますか」/**Aさん**「きまりごと。かいけつとかけっていをする」/**弁護人**「何の決定をするんだろう」/**Aさん**「はんけつ」/**弁護人**「判決ってなんだろう。何を判決するのかな」/**Aさん**「きめること」/**弁護人**「何を決めるの?」/**Aさん**「たとえばおうちにかえれるかどうか」

静まり返った法廷のなかで、こうしたやり取りが途中休憩を挟み、二時間ほどつづけられた。この所沢事件について詳しく述べる余裕はない(§2で詳述する)。被告人とされたAさんは知的な遅れを伴った自閉症の青年である。途中、彼は何度か傍聴席で見守る両親を振り返り、「おうちにかえろうね」と声をかけ、そのたびに弁護人になだめられていた。今回の裁判においては公判停止になる可能性が高いが、それ以前は実刑判決を受けている。現に、こうした裁判が行なわれていること、そのことをまずはお伝えしておきたいと思う〔後に訴訟能力なしと判断され、公判停止となった。弁護人はそれを受け、国家賠償裁判に持ち込み勝訴している〕。

心神喪失、あるいは心神耗弱の対象となるべく人は、精神障害者だけではない。知的障害や発達障害をもつ人も同様である。しかし彼らの多くは、逮捕・拘留・取調べ・起訴・公判という司法手続きのなかに置かれ、多くが刑務所に送られていく。ここにデータを示す。

新受刑者は入所後すぐに精神診断を受けることとなるが、平成一四年の新受刑者総数三〇二七七人中、知的障害と診断された数が二八四人。(＊6) 知的障害といっても軽度の人たちではないかと思われる方は、山本譲司氏の『獄窓記』（ポプラ社）を是非ご覧になっていただきたい。この二八四という数を多いと感じるか、少ないと感じるかは、人によってさまざまかもしれない。

しかし弁護士の副島洋明氏は、これに知能検査の結果を加え、ＩＱ四九以下が一一五八名、測定不能（「捜査未了のものおよび知能が低く検査不能のものを含む」と但し書きがある）一八三〇名（数字は平成一三年矯正年報）、これを半数とみても、年間二〇〇〇名もの知的障害を疑われる人の数がはじき出されるとし、いったいどんな裁判が行なわれてきたのか、と指摘している。(＊7) 二〇〇〇名という数を、もはや少ないという人はいないだろう。少なくとも、「知的障害者＝心身喪失・耗弱＝不起訴」という流布されたイメージは、ここでは「神話」である。

このことを、知的障害者に犯罪者が多い、と受け取るのは早計である。彼らが犯罪行為に追い込まれるまでには、一家離散、家族からのネグレクト、職場その他での人間関係のトラブル、深刻な貧困、放浪、精神疾患ほか、多くの要因が複雑に絡み合っている。

三九条削除への、わたしのもっとも大きな危惧はここに関わっている。三九条をもっていてさえこれだけの数がカウントされるのなら、現状のまま削除したら、増えることはあっても減ることは決してない。そう考えるのがまともな推論というものだろう。そしてここには、彼ら自身が抱えている事情のほかに、現在の司法の制度と手続きの問題が控えている。わたしがどうしても楽観的になれないのはこの理由による。

▼裁判を受ける権利とは何か

三九条をもつのは先進国で日本だけである、と削除論者たちは口をそろえて言う。そしてそれは、人としての権利のはく奪であるとも主張する。しかし、彼らがけっして言わないことがある。逮捕・拘留から起訴まで二二日間という長期の拘束を認めているのも、先進国では日本だけである（逮捕は二日間、勾留は一〇日、一〇日の計二二日）。そして被疑者の自白供述に最も重きを置いた取調べがなされるのも、先進国では日本だけである（裁判員裁判になっても、この基本構造は変わっていない）。

この二二日の間、どのような取調べがなされるかは浜田寿美男氏の一連の労作を参照していただきたい(＊8)。知的障害をもつ人たちが、海千山千の手練の取調官にとって、いかような調書を取ろうとも、赤児の手をひねるようなものだろう。結果、どこで、いつの間にそんな言葉使いを覚えたのか、と思うような供述調書がつくられ、起訴されていく。ビデオ収録やテープ録音による取調べの可視化、このこともまた強く願わずにはいられないことのひとつである。

公判に入ると、この供述調書は証拠として絶大な威力を発揮する。弁護人が任意性を争い、ほとんど論難しつくしたのではないかとこちらが思うような弁護がなされても、証拠採用不同意の申し立てはまず裁判所に却下される。さらに、裁判官や検察官、弁護士のなかでいったいどれくらいの人たちが、知的障害者の障害特性を理解しているだろうか〔現在は、こうした状況に変容が生じている。詳細は拙著『ルポ闘う情状弁護へ』〔論創社・二〇一二〇年〕を参照していただきたい〕。

彼らは、なぜ、どのように、いつ、どこで、なにを、という問いに答えることがきわめて困難である、わたしたちには答えられて当たり前のことが、彼らにはそうではない、ということが、どこまで考慮された裁判（被告人質問）となっているだろうか。自分に不利なことは証言しなくともよい、という理解が困難であることが、どこまで認識されているだろうか。

三九条を削除すべきだとする論者たちは、聴覚障害者についての条項が、差別を助長するものであった、と述べながら、やはりけっして触れないことがある。それは、聴覚障害者の刑事裁判の歴史である。一九六五年以前は「暗黒の時代」といわれ、それこそ差別以外何ものでもない状態に置かれていた。平成七年の最高裁判決までの三〇年以上に及ぶ長い長い闘いを経て、裁判を適正に受ける権利を実質的に勝ち取ってきた、という重い歴史的事実をわたしたちはもっている。(*9)たんに、差別であると広く知るところなったから削除されたのではない。

裁判を受ける権利、というのならば、取調べから始まる一連の手続きと裁判の適正化、そして処遇、このことも同時に果たされなくてはならない。もし三九条の削除を本気で主張するのなら、知的障害や発達障害をもつ人たちにとって、適正な裁判とは何か。それは具体的にどのようなもので、どうすれば可能なのか。裁判後の彼らの処遇はどうしたらよいのか。そのことに本気で考える責務が生じるのではないかと思う。

ここまで長々と述べてきたが、三九条を削除せよという主張に対し、わたしの言いたいことはここに尽きる。

（＊1）滝川一廣「精神障害者の犯罪に寄せて」（樹が陣営22　二〇〇一・八）、『分裂病犯罪の精神鑑定』（柴田洋子編　金剛出版　一九八七）

（＊2）高岡健「新しい責任能力とアスペルガー障害」（樹が陣営28　二〇〇四・一〇）

（＊3）滝川一廣『「こころ」はどこで壊れるか』（洋泉社・新書y　二〇〇一）

（＊4）佐藤幹夫『精神科医を精神分析する』（洋泉社・新書y　二〇〇二）

（＊5）滝川一廣『「こころ」はだれが壊すのか』（洋泉社・新書y　二〇〇三）

（＊6）「法務省矯正統計年報」平成一五年六月三〇日発行——山本譲司氏講演「刑務所のなかの知的障害者」資料より。

（＊7）副島洋明　第一二回世界精神医学会横浜大会・「今、我が国の司法が精神障害者の視点から問われていること」より

（＊8）浜田寿美男『ほんとうは僕殺したんじゃねえもの』（筑摩書房一九九一）、『自白の心理学』（岩波新書二〇〇一）、『〈うそ〉を見抜く心理学』（NHKブックス　二〇〇二）、『取調室の心理学』（平凡社新書二〇〇四）

（＊9）松本晶行他編『聴覚障害者と刑事手続き』（ぎょうせい　一九九二）、渡辺修「聴覚障害者と刑事裁判の限界——最決平成七・二・二八を契機に」（判例タイムズ八九七　一九九六）、ほか「判例時報」一五三三など

（初出　『刑法三九条は削除せよ！　是か非か』洋泉社・新書y、〇四年一〇月）

§2 「かれ」はなぜ「児童連続暴行犯」と大きく報じられたのか
——二〇〇四年埼玉所沢事件

▼ある報道

「Aさん逮捕」の報道を最初に目にしたのは、二〇〇四年二月二三日の、夜七時のＮＨＫニュースだった。夕食のさなか、「所沢市と入間市で起きている連続暴行事件の容疑者が逮捕された」と話す声が、たまたま飛び込んできたのである。

それまで、所沢を中心に「連続暴行事件」が起きているという報道は目にしていたし、事件の概要についての情報は入っていたから、メモを取りながら、少し注意してニュースを見てみることにした。そのあと、確認できただけでも夜九時四五分の首都圏ニュース。一〇時の「ニュース10」。翌二四日も、朝七時からの全国ニュース、つづく七時三〇分からの首都圏ニュースでも報じられた。被疑者は「福祉施設作業員」であること、「作業が嫌でむしゃくしゃしてやった」こと、「八件中六件を自供した」こと、などが報道の主な内容であった。氏名は伏されていたが、作業所名と、その映像、事件の現場である公園の映像なども流されていた（民放各社は未確認）。

新聞はどうだったか。

まずA新聞の二月二四日朝刊（ここでは新聞各紙の批判を目的としていないので匿名で記す）。ベタ記事ではあるが、社会面の左隅にしっかりと、**「児童連続暴行容疑の男逮捕　埼玉・所沢」**の見出しとともに二三行の記事が掲載されている。内容は、**「埼玉県所沢市で、自転車の男に小学生が連続**

して殴られた事件で、県警は23日、同市内に住む施設作業員（35）を暴行容疑で逮捕した。」と始まり、以下「捜査1課と所沢署の調べでは」…「1月28日午後4時半ごろ…公園で小学4年男児（9）に自転車で近づき、右拳で頭を殴った疑い。その前後約5分の間に、半径200メートルの範囲内で、3人の児童が殴られており、作業員は関与を認めているという。所沢市と、隣接する入間市では1月19日以降、自転車の男に児童が殴られる事件が相次いでおり、県警は関連を調べている」とある。

つぎはB新聞の同じく二月二四日の朝刊。

「児童暴行男を逮捕　『ほかにも何件かやった』　所沢」という二段抜きの見出しで、記事は四〇行。分量的にはA新聞の二倍。前半部分の概要はあらまし同じだが、A新聞には書かれていない点のみを取り出すと、「男児と一緒にいた児童3人の目撃証言と男の服装などが一致、男に現場を確認させ事情を聞いたところ、容疑を認めたため逮捕した。男には軽度の知的障害があり、県警は動機などについて慎重に捜査している。／男が勤務する福祉施設は同県西部にあり、就業時間は午前九時―午後四時。男は帰宅途中に犯行に及んだと見られる。…」

こうしてAさんは「連続暴行事件」の犯人として、全国津々浦々に報じられることとなった。彼は中度の知的な遅れをともなう、典型的な自閉症（カナー型と呼ばれる）の青年だった。

逮捕後、簡易鑑定が行なわれ、「訴訟能力に疑いがある」とされたが、取調べ検察官は起訴を強行した。

わたしが裁判を傍聴したのは、二〇〇四年五月一二日の第二回公判だった。場所はさいたま地方裁判所所沢支部。開始前、弁護人との間で次のようなやり取りが交わされていた。

弁護人「Aくん、元気ですか」／**Aさん**「元気」／**弁護人**「きょうはしっかりやろうね」／**Aさん**「しっかりやろうね」／**弁護人**「がんばるとごほうびがあるよ」。

（Aさんが振り返り、傍聴席をひとわたり眺めた。）

弁護人「はい、Aくん、（前を指差しながら）じっとして前を向いていようね」

裁判長が入廷するなり、次のように言う。

裁判長「集中力が長く続かないようですので、途中で何度か休憩を入れてください」

（聞けば、前回の公判では我慢が限界を超え、中断してしまったとか。）

傍聴席から見て右側には二人の弁護人が座り、左側には若い検察官が緊張した面持ちで書類を睨んでいる。正面には裁判官が三人、真剣な目で彼を見やっている。ここはまがうかたなく、泣く子も黙る裁判所である。厳粛な上にも厳粛な司法の場、法廷である。その厳粛な「被告人席」に、養護学校〔現特別支援学校〕や福祉作業所でわたしが目にしてきた、重度の知的なおくれをもつ自閉症の青年が座っている。

彼は逮捕されたあと、身柄拘束とともに取調べを受け、調書を取られ、送検され、改めて取調べを受け、起訴された。そして単純暴行罪の「被告人」の身となった。ちなみに今回の「暴行事件」は、被害者に「こぶ」もできなかった程度の軽微なものだった。あれだけ騒ぎ立てていた新聞、テレビともに、全治何日の軽症を負ったとか、被害状況が記されていない。怪我をしたとは、どこにも書いていない「連続暴行事件」だった。

▼公判での「応答」の様子

以下、第二回公判での「被告人尋問」（もしそう呼ぶことがほんとうに妥当ならば、であるが）を、傍聴メモから問答形式のまま書き写す。ここでの「被告人尋問」が法廷という場にふさわしいものであるかどうか、そんなふうに呼べるものかどうか、そのことをお伝えしたいゆえ、できる限りの再現を試みる。誇張はない。

弁護人「Aくん、私を知っていますか」以下、弁護人「何を決めるの？」／Aさん「たとえばおうちにかえれるかどうか」までは前節で示したが、次のように続く。

弁護人「そうか。じゃあ被告人って知ってますか」／**Aさん**「しってる」／**弁護人**「何をする人？」／**Aさん**「きそ」／**弁護人**「ここにはたくさんの人がいるけど、このなかで被告人はどの人かな？」／**Aさん**「（自分を指差す）」／**弁護人**「いまここで、何をしているか分かる？」／**Aさん**「わかる」／**弁護人**「どんなことをしているの？」／**Aさん**「こんなこと」／**弁護人**「じゃあ黙秘権って分かる？」／**Aさん**「わかる」／**弁護人**「どんなことだろう？」／**Aさん**「こんなこと」

一事が万事このような調子で「被告人尋問」は続いていく。裁判官も検察官も、もちろん真剣な面持ちでやり取りに耳を傾けており、法廷内は静まり返っている。恥ずかしげもなく書くが、わたしは不覚にも涙がこぼれるのをとめられなかった。どういったらいいのか、「おれはいったい、今まで何をしてきたのか」というような、我が身の不甲斐なさが抑えられなかった。以下、もう少し続ける。

弁護人「警察官ってどんな人」／**Aさん**「むこうに（と、廊下を指差す）いるひと」／**弁護人**「逮捕って何？」／**Aさん**「わるいこと」／**弁護人**「保釈って」／**Aさん**「保釈っていうのは……」／**弁護人**「起訴状って？（実物を見せ、手渡しながら）」／**Aさん**「……」／**弁護人**「名前はだれが書いたの？」／**Aさん**「じぶんで」

Aさんは、途中で起訴状を読み上げ始めた。記載されてある漢字も読むことができるようだった。読み始めると途中でやめることができず、弁護人にもう終わりにしようと促されても、読み終えるまで離そうとはしなかった。

弁護人「警察で1月28日のことを聞かれたと思うけれども、取調べって何？」／**Aさん**「どんぐりひろば」／**弁護人**「どんぐり広場に行ったの？」／**Aさん**「いった」／**弁護人**「頭部を殴打って書いてあるけど、頭部って？」／**Aさん**「（自分の頭をなでる）」／**弁護人**「暴行って？」／**Aさん**「ひとをなぐること」／**弁護人**「誰が教えてくれたの？」／**Aさん**「I（実名）さん」／**弁護人**「Iさんって？」／**Aさん**「けいさつのひと」／**弁護人**「Aくんは子どもは好きですか」／**Aさん**「すき」／**弁護人**「嫌いですか」／**Aさん**「きらい」／**弁護人**「どっち？」／**Aさん**「すき」／**弁護人**「Aくんは子どもに何をしたの？」／**Aさん**「ぐーでたたいた」

おおよそ、このようなやり取りが行なわれたのち、休憩に入ったが、ここまでほぼ三〇分弱だっただろうか。とりあえずここまでが第一ラウンドだった。

▼弁護人の苦慮

しかしほんとうの「困難さ」が現われるのは、休憩の後にはじまった第二ラウンドだった。代わって質問に立ったS弁護人は、身ぶりを交えながら、「こぶし」をどう使って、どんなふうに殴ったかを問いただし始めた。Aさんが相手に傷害を負わせようという意図をどの程度もっていたかを確かめながら、そんな意図などなかったのだ、と検察のこしらえた起訴事実を崩していこうとしていた。

しかしAさんには、弁護人の「意図」を汲み取りながら答えることはできないから、どうしても嚙みあわないやりとりになってしまう。

弁護人「(隣の弁護人の頭にこぶしを置きながら) 何をしてるんだろう」／**Aさん**「コッツンしてる」／**弁護人**「こっつんかな。T弁護士はニコニコしてるよ」／**Aさん**「いい子いい子してる」／**弁護人**「そうだね。じゃあこぶしのこっちでこうして叩くのと、こっちでこうするのと、どっちが痛いと思う?」／**Aさん**「こっちがいたい」(分かっていない)／**弁護人**「こうするのと(叩き下ろす)、こうする(正拳の突き)のでは?」／**Aさん**「こうするの」(よく見ていないまま答えている)

こぶしのどこでどう叩けば「どちらが痛いか」という比較が、Aさんには難しいようだった。何とかして次の展開に持ち込みたいが、それができずにいる、そうした弁護人の苦慮がうかがわれた。

以下、おおよそつぎのようなやり取りとなっていた。

弁護人「（供述調書に）もうしません、って書いてるね」／**Aさん**「もうしません」

弁護人「いいです、がまんできます、とつぎは書いてる（調書の内容に同意したということ）けど、何をもうしません、なんだろう」／**Aさん**「わるいことをしてはいけない」／**弁護人**「悪いことって？」／**Aさん**「いけないこと」／**弁護人**「いけないことってなんだろう。ちゃんと言ってくれるかな」／**Aさん**「なぐること」／**弁護人**「男の子をどうやって殴りましたか。やってみてくれるかな」／**Aさん**「（自分の頭を軽く叩く）」

ここでAさんは後ろのお母さんを振り返り、「マラソンは好きです。マラソンをしておうちにかえります」と言い始めた。くり返しの独語のパターンへと変わり、表情もやや硬くなっている。注意が弁護人からそれ、少し苛立ち始めていた。それを察した弁護人から、休憩したい旨が伝えられ、裁判官の認めるところとなった。注意が持続できるのはやはり二〇分ほどが限界のようだった。

▼検察官の尋問

再開の前、弁護人、検察官ともに控え室に呼ばれた。打ち合わせは一五分ほどだった。弁護人始まる前、S弁護人から「精神鑑定には児童精神学会の〇〇医師を」という要求が出され、弁護人質問が終わった。裁判長が「検察官は尋問をしますか」と問い、「少しします」と検察官が答え、尋問が始まった。

検察官「いまどこに住んでいますか」／**Aさん**「〇〇のもり、〇〇のおうち」／**検察官**「……に行ったことはある？」／**Aさん**「ある」／**検察官**「いつ？」／**Aさん**「…年の…月…日」／**検察官**

「Mさんって知ってる?」／**Aさん**「(後ろを振り向く)」／**検察官**「どんな人」／**Aさん**「やさしいひと」／**検察官**「…さんは知ってる?」／**Aさん**「おとこのこ、九歳」／**検察官**「…さんに何をしたの?」／**Aさん**「どんぐりひろばで、ぐーでたたいた」／**検察官**「力いっぱい叩いたことはありましたか」／**Aさん**「ありました」

ここで傍聴席が少しざわついた。

検察官「…年…月…日、電車のなかで何をしましたか」／**Aさん**「でんしゃのなかでおんなのこをたたきました」／**検察官**「女の子を叩いたとき、どうなりましたか」／**Aさん**「すうとした」

ここで傍聴席のざわめきが、さらに大きくなった。検察官の思惑通りに答えている。以下、何年何月にはどんな仕事をしていたか、その仕事は好きか、これとどっちが好きかという質問が続き、ひと通り尋ねてから次のように問いかけた。

検察官「平成一六年一月一八日、どうして叩いたのですか」／**Aさん**「レストランでいやなことがあったから」

なるほどそういうことか、と思った。「仕事が嫌でむしゃくしゃしていた」ことを動機として強調しようとしていた。さらに続けた。

検察官「警察はどういうところですか」／**Aさん**「つかまえる」／**検察官**「どういう人を捕まえるのですか」／**Aさん**「わるいことをしたひと」／**検察官**「平成一六年三月一二日はどこにいましたか」／**Aさん**「ところざわけいさつしょ」／**検察官**「検察に行ったことはありますか」／**Aさん**「いった。おぼえてる」／**検察官**「検察で話しを聞いた人の名前を覚えていますか」／**Aさん**「Tさん」／**検察官**「そこではどんなことをしましたか」／**Aさん**「こんなこと」／**検察官**「謝ったりしましたか」／**Aさん**「しました」／**検察官**「いいたくないことを黙秘権と言いますが、意味が分かりますか」／**Aさん**「わかります」／**検察官**「以上です」

検察官は、Aさんには事実にたいする認識があり、叩く動機をもち、逮捕から始まる司法手続きや内容もそれなりに理解している、不当な取調べはなかった、といった立証に向けての尋問内容だった。「今日はこれくらいにします」という裁判長の言葉で、この日の公判は終わりました。

終了後に弁護人に聞いたところ、Aさんは拘置所ではなく、保釈となって施設で過ごしているという。ただし外出は禁止。なにかあったらすぐに保釈決定は取り消されるとのことだった。

▼弁護人が訴えていた「訴訟能力」の問題

もう一つ、次のようなことも述べていた。今回の公判は正式な刑事裁判としての手続き以前の段階にある。通常は検察官の冒頭陳述のあと、証拠申請などの冒頭手続きに入り、被告人の起訴事実の認否、と進行していくが、それ以前の段階で弁護人の被告人質問がなされている。

被告人質問は、起訴事実のもととなっている供述調書に重大な疑義があること、罪状認否の段階でAさんが「はい」と答えてしまえば、それが裁判上の「自白」となり、あとの弁護がたいへんに難しくなる、という弁護側の訴えを裁判所が認めたがゆえである。したがってこの第二回目の公判にあっても、検察官による正式な冒頭陳述はまだ始まっていないのである。

これは異例なケースであるが、なぜ弁護人の訴えを裁判所が認めるところとなったか。言うまでもなく裁判所も、被告人となったAさんの「訴訟能力」に疑義を感じたからである。事実この公判の後、裁判所は公判停止を言い渡し、弁護側が訴えていた訴訟能力を中心とした精神鑑定を認めることとなった。

付記するならば二〇〇五年の六月一四日に「中度精神遅滞を伴う小児自閉症を有し、コミュニケー障害も併せ持っており、訴訟能力を欠いている」という鑑定結果が出され、八月一〇日の公判でこれを受け入れる判断が、裁判所より示された。

これがおおよそのあらましである。

▼なぜ「重大事件」のごとく大々的に報じられたのか

ではこの事件がなぜ、「連続暴行事件」として全国に報じられることとなったか、という点について触れなくてはならないのだが、その前に以下のことを確認しておきたい。

本事案は「傷害事件」ではなく、被害者のいない「単純暴行事件」である。起訴されたのも一件だけである（二〇〇五年八月一〇日の公判で、検察官は別件で追起訴する意向を示したが）。「暴行」という名がつくとはいえ、Aさんの行為は「グーでコッツン」したもので、その「グー」もいわゆるストレートパンチではない。振り下ろすようにして、小指下の部分で叩いたものである。被害届も出されていない。そのような事件である。

ただしAさんは、この一〇年間に同種の事件を三度起こしており、一度目は執行猶予つきの実刑判決、二度目と三度目は不起訴処分となっている。

以下、取材や報道をもとに、この事件を取り巻く「外形」を分析してみる。

〈1〉地域におけるAさんの存在

・彼は知的な遅れと自閉性の障害をもち、「わけの分からないことをぶつぶつ言う」人間であると受け止められていた。しかし反面、虐められたりからかわれたりしながらも、子どもたちにとっては「ヤッホーおじさん」として「地元の有名人」だった。また自転車を乗り回し、あちこちに出没していた。

・前述したように、彼には前歴があった。やはり「暴行事件」でこれまでに三度逮捕されている。この事実が地元住民にどこまで知られていたかは確認していないが、まったく知らなかったとは考えにくいし、警察にとっても「顔馴染み」だった。

〈2〉「事件化」する下地をつくった出来事

・怪我などの被害はなかったが、くり返されることで、学校関係者や保護者に不安を与えることとなった。地元住民は自警団をつくってパトロールしていたというし、学校側も、注意を呼びかける文書を配布したり、下校指導を強めていた。また警察への巡回強化を求めるなど、神経質になっていただろうことは推測される。

・この時期、子どもたちをめぐる事件があちこちで相次いでおり、社会不安を背景に、周辺住民の直接の危惧が、さらにそこに加わることとなった。不安が一気に加速しただろう。

・「便乗被害者」が現われた。「便乗被害者」がどのように被害を伝えたか、いささか誇張したのではないかと想像される。

・いわば「小さな事実（トラブル）」があり、繰り返されることで地元住民の不安とともに「うわさ」のように流布し、少しずつ「事実」として増幅していった。それを決定的にしたのが、警察発表をよく検証もせず、そのまま報じたマスコミ報道である。

・模倣犯が現われた。一月二八日の事件（新聞報道を参照）のあと、Aさんは緊急避難的に、ある施設にて二四時間のデイケアを受けている。この間、類似事件が起こっており、二月五日の事件は模倣犯の疑いが濃い。

〈3〉警察の対応

・二月二四日に報じられた逮捕は一月二八日の事件の容疑であり、現行犯逮捕ではない。しかも被害届は被害者の保護者が直接出したものではなく、事件の二日後、警察が聞きとりをして代理作成したものである。

今回の事案は家族や福祉関係者が出向いて一言詫びれば済むような「事件」（というよりも「地域でのトラブル」）である。くり返すが、ちょっとした「トラブル」が拡大し、増幅され、さらにマスコミ報道によって「事件化」することで「連続暴行事件」となった。そのようなメカニズムを、ここには見ることができる。

もう一度、報道記事をご覧になっていただきたい。これらは「誤報」ではない。「捏造」もない。しかし少しばかり取材をしたわたしの眼から見ても、正確さを欠く記事であるように感じられる。警察当局の発表をそのまま記事とするだけではなく、確認の取材を少しでもすれば、くり返し報道することに疑念をもつような、そのような「事件」である。刑事被告人となって法廷に立ったAさんの「訴訟能力」（裁判で自分を守る力）が、どのようなものだったかは、すでに示したとおりである。

▼終わりに――「三九条削除論」への異論として

先ほどある統計を示した。新受刑者にあって、IQ49以下が一一五八名、測定不能（「捜査未了のものおよび知能が低く検査不能のものを含む」と但し書きがある）一八三〇名（数字は平成一三年矯正年報）、二〇〇〇名もの数がはじき出されていた。三九条条項があってなお、これだけの数になるのである。

三九条問題の多くは、いわゆる精神の病理との関連で語られる。見えない背後には、重い知的障害をもつ相当数の人が起訴され、実刑判決を受け、受刑者となっている、という事実があることも忘れてはならないことだと思う。こうした事実があるかぎり、わたしは簡単には削除を是とするわけにはいかないのである。

（初出「「所沢事件」裁判傍聴メモ」『樹が陣営二七』、二〇〇四年六月、所収」を改稿した）

＊二〇年前もの事件であり、その報道である。「司法と福祉の連携」は少しずつ浸透しており、福祉にあってはかなりな程度の定着を見せている。報道もまた「障害理解」が進み、よほど客観的・抑制的になっている、と読者の多くは考えるだろうと思う。基本的には異論はない。わたしもそう考えている。ところが第一章4「ある判決、噴出する批判」で記したように、正確さを欠く過剰報道がいつどこから始まるか、決して油断はできないとも肝に銘じているのである。そう感じさせるのは、報じ手個々人の力量とか理念やモラルを超えた、差別に向かう大きな「なにか」が依然として根深く残るがゆえである。そして「地域のなかの不審者」扱いを最も受けやすい「かれら」にあって、この「なにか」は真っ先に襲い掛かってくる。ここで取り上げた所沢事件は、被害は軽微なものではあったのだ

が、そのことを強く感じさせた「連続暴行事件」だった。わたしが「かれら」の事件や、「責任能力論議」にこだわらざるを得ないのは、社会に依然として根深く残る「排除や差別」のロジックが、いつ、どのようにして立ち上がってくるか、ときにそのリトマス紙のように働くことがある、と考えればこそである。なぜ責任能力論議かという問いは、「かれらはどのように裁かれてきたのか」という問いと、両輪である。

10 裁判で「責任能力」はどのように争われたのか

——二〇一六年相模原・津久井やまゆり事件

▼警察対応か医療措置か

ここまで一貫してきた本書のテーマは、「司法と精神医学」をめぐる問い、言い換えれば一人の加害者をめぐって心神喪失とか心神耗弱が問われ、精神鑑定がなされ、障害診断の適否が争われたりする、そのような領域にふれていくものだった。そのさまざまなバリエーションを見てきた。

〝バリエーション〟の内実を詳しく言うと、「障害」とか「精神鑑定」が絡んでくる事案とはいえ、一つとして同じものはなく、それぞれに特有の難しさや課題を抱えながら公判や審判が進められていくということである。「どう裁かれてきたか」と本書は問いかけているが、それぞれのケースが見せていた難題に司法はどう応えようとしたか、あるいはしなかったか、その点が明らかになるような記述を心がけてきた。

さらに言葉を換えるならば、ときに「責任能力論が争点」とか、「責任能力が認められた」というフレーズが、マスコミで飛び交うような事件が起きる。「責任能力というのはいったい何だろう」という問いが、わたしのなかに萌したのは二〇〇一年の池田小学校事件であったことは、すでに記している。以来、なにか重要なことが明らかにされないまま、「責任能力」という言葉だけが独り歩きしているのではないかという疑義がくすぶり続けていた。いまも消えていない。なぜくすぶり続けているかと言えば、そこでなされているはずのさまざまな難題や固有の論議のあり方が消され、「責任能力があった／なかった」という択一的な理解に回収され、単純化されてしまう。それ以上の踏み込んだ論議はなされない。一種の思考停止の状態のまま「責任能力」という言葉だけが独り歩きしてきたのではないか。そのような疑念ゆえである。

いうまでもないことだが、刑事司法も精神医学も、きわめて高度な専門領域である。わたしは専門的な訓練を経ていない一介の物書きにすぎない者であるが、その領域に足を踏み入れて二〇数年ほど仕事をしてきた書き手として、少しばかり私見めいたものを述べてみたいと思う。

医療がらみの事件がおきたとき、そこでのあり方は大きく二つの類型に大別される。二つの類型とはなにか。

一つには、いわゆる統合失調症や躁うつ病など、元々精神疾患を病んでいた人が、さまざまに不幸ないきさつがアクシデントのように重なり、犯罪行為に追い込まれたというケースである。このようなときにどう裁くかは、かねてからの司法課題であったし、むしろ責任能力（心神喪失や心神耗弱）をめぐる概念や判例は、こちらを中心に積み上げられてきた。そしてここから見たときには、刑法三九条は、大枠の中でそれなりの機能を果たしてきたといってよいだろうと思う（もちろん幾多の課題は指摘してきた通りだし、その受け皿となる医療観察法をめぐる細かな議論は、ここではおく）。

もう一方には、常習的に犯罪めいた行為や迷惑行為をなす人たちがいる。あるいは、社会に対する威嚇的な言動を少なくない頻度で見せる人たちがいる。逮捕拘束し、刑事手続きの上に乗せることができればひとまずはそれで落着となるが、そこまでには至らない。しかし、それらの行為の頻度が激しくなったり、悪質性が増したりしたときに、その言動の特異さゆえ警察対応では限界があると判断され、医療にゆだねられるケースが生じる。医療も、それは自分たちの職分ではないと押し通すことはできないから、とりあえずは受け入れ、それらしい診断名を付し、法の範囲のなかで、医療の対象として処遇することになる。これがもう一つの類型である。

このケースが仮に重大な結果を招いたとき、本来ならば初動の警察の判断や対応が適切だったかどうかも含めて論議されなくてはならないのだが、それはなされず、「精神障害者の犯罪」として、医療の判断の適否だけが求められる。そして重大で社会的影響力の大きい事件であればあるほど、精神医療のあり方や制度への不信や不満、不備などが、メディアにあって論じたてられる（このとき注意すべきは、政治的な力が世論形成に巧妙に介入しかねないことだが――津久井やまゆり園事件の際、こうした指摘が一部でなされた――、やはりここでは触れない）。

これは精神医療への不信や、さまざまな不公平感を生み出す土壌となる。不用意な報道が、ときには夥しい偏見を生みさえする。ここにあるジレンマがどのようなものであるか、それが示されない限り、社会の不満や不安や不公平感は解消されない。むしろ膨らんでいく。つまりは、この二つの類型がしっかりと区別されないまま「司法と精神医学」をめぐる論議が進められてきたことによって、ある混乱に陥っているのではないかというのが、わたしがひそかに抱いてきた仮説のひとつである。

さて、問題は後者である。委ねられた医師たちは、とりあえず診断名を付す。診断名が付されれば、そこからある逆転現象が生じる。犯罪行為は、そのような精神の疾患を持つ人間によってなされたというストーリーが形成され、メディアを通じて流布されていく。犯行の規模が大きくなり、被害が甚大になり、残虐性や〝異常性〟が増せば増すほど（強調されればされるほど）、診断名として付された「病理」がいかに深いか、ということになる。少なくともロジックの上ではそうなる。

このロジックをさらに推し進めれば、多大な被害を出せば出すほど〝異常性〟が増すのだから、つまりは病理は深まるという理屈になるのだから、加害者は限りなく心神喪失（責任無能力）状態に近づくことになる。すでに書いたように、「残虐で、被害が甚大になればなるほど心神喪失で無罪」、だから精神鑑定はおかしい、という通念が流布されているとすれば、このあたりの事情を指すだろうと思う。かくしてこんな不合理なことはない、という不安や不公平感が蔓延する（かつて井原裕医師は「精神鑑定は濫用すべきではない」と訴え、滝川一廣医師は「反社会性人格障害は医療の対象か」と問いかけたのは、このあたりの事情に触れているはずである）。

わたしの見るところ、津久井やまゆり園事件の弁護団が採用していた弁護のロジックは、こちらによるものだった。「例を見ないあれほどの事件が引き起こされた。それは、被告人に重篤な精神の病理があったゆえである。その病理を引き起こしたのは違法薬物（大麻）の常用であり、被告は大麻性精神病の疑いが濃い。したがって心神喪失もしくは耗弱である」。大枠を言えばこのようなロジックによって、「責任能力の有無」が争われた（この裁判の詳細は後述する）。

ここまでわたしなりに二つの類型に分けて述べてきたが、医師の林幸司氏は『精神鑑定実践マニュアル』において、図のように四分類している。

「二次元に広げてみる」と見出しを付け、「健康⇕病的」「健全（良い性格）⇕異常（悪い性格）」と二つの軸で座標を取って四象限に分類し、それぞれの特徴を示している。「健康⇕病気」とは病理性の有無とその程度、「良い性格⇕悪い性格」とはわたしが先に述べた、言動の迷惑さとか、度を越えて独善的で自己中心的であるとか、そのような特徴の指標である。実際の鑑定や診断では、各象限で多くの複雑な診断名が列記されることになるのだが、性格のありようにおける判断があり、病気のありようにおける診断がある、元々はこのようなものであると理解して、大きな誤差はないだろうと思う。

林氏は、「**こうしてみると第二象限の人たちが狭義の心神喪失者のようである。まったく対称の第四象限に居座る人格障害者たちがinsanity defense〔精神異常抗弁・心神喪失や心神耗弱を主張すること〕へ割り込もうとするのはいかにもルール違反であることが分かる**」と書いている。

第二象限の人たち、つまりは性格的には健全であるが、病理を持つ(あるいは深い)人たちが「狭義の心神喪失者」と呼ばれるべきであり、第四象限の人たち、つまり病理は深くないが、性格的な逸脱の大きい人たちが心神喪失や心神耗弱を主張するのはルール違反ではないか。氏はそう主張している。

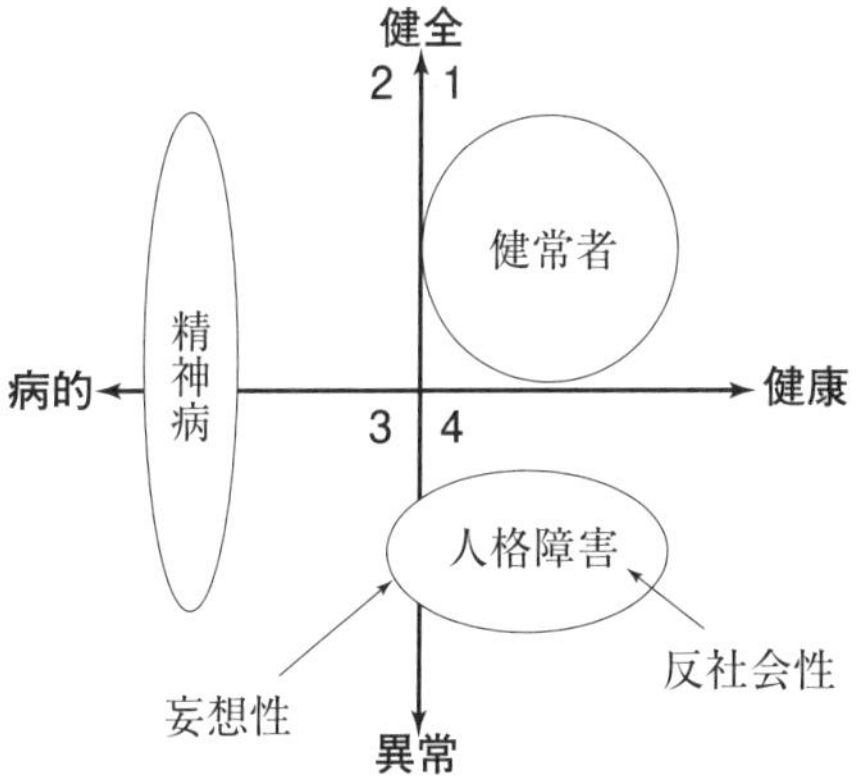

二次元に広げてみる

わたしには教えられることの大きい見解であった。先ほども書いたように、もともと精神病理の深い人が激しく混乱し、錯乱状態で引き起こしてしまう犯行と、社会的に逸脱した考えや偏りのある性格の人間が、被害が深刻で、特異な犯行行為に手を染め、事後的に診断名が付けられる場合とでは、同じ責任能力問題として同一に論じることはできないのではないか。こうしたわたしの見解を、林氏の指摘は専門的な見地から裏付けている。

ちなみに、津久井やまゆり園事件の、植松死刑囚の責任能力論議がどこでなされていたか、氏のこの分類によってわたしははっきりと理解することができた。第一象限＝完全責任能力、第二象限＝心神喪失、第三象限＝心神耗弱

（稀に心神喪失）、第四象限＝グレーゾーン、ということになり、検察官は第四象限での議論として持論を主張し、弁護団は第二象限にあると訴えていた。

さらに「京都アニメーション放火殺人事件」の第一審判決が、二〇二四年一月二五日に開かれた。そこでは、京都地裁は完全責任能力を認め、死刑判決を下した（現在控訴中）。

毎日新聞のｗｅｂ版によれば、起訴後に精神鑑定をした医師は「**被告は事件当時に重度の精神障害による妄想を抱いていたと証言し**」、**弁護側の請求によって鑑定した医師は「青葉被告が10年以上にわたって強い妄想を抱いていたと指摘。『障害が事件の動機を形成した。詐病は認められない』と述べた。前回の公判には、検察側の依頼で精神鑑定した別の医師が出廷し、被告には精神障害による妄想があったものの、放火時の行動そのものには直接影響していないとの見解を示していた**」（二〇二三年一〇月二六日）とある。

植松死刑囚の場合は、精神の病理の有無が争われていたが、京アニ事件の裁判では検察側も弁護側も病理の存在は認め、それが犯行行為に影響を与えたか否かが争われている。先ほどの図で言えば、第二象限あるいは第三象限で論議がなされており、裁判官は検察側の鑑定結果を採用し、死刑判決をくだした。精神の病理がそのまま心神喪失・心神耗弱の判断には直結しないこと。最終的に司法判断であること。そのことを端的に示すケースとなっている。

同じように「全面的な責任能力の争い」と言っても、病理の有無をめぐる争いがあり、病理は認めるがそれが犯行時にどの程度の影響を与えているかをめぐる、医師たちの見解の相違がある。さらに、最終的に裁判官がどう判断するかという問いがここに続く。この点も、これまでに縷々述べてきたところである。

▼「責任能力があるとは、『それを損なう精神障害がない』という二重の否定によってしか証明できない」

林氏はまた、次のようなことも書いていた。

「**精神障害は一目でわかることもあるが、正常を証明することは難しい。そこで、ある程度の年齢に達した人間は病気でもない限り責任能力を有するものだ、という証明不能かつ不要な前提のもとに insanity defense は成り立っている。無罪推定と表裏一体に正常推定が働いているのであるから、心神喪失を主張するならばそちら側に異常性を立証する責任がある。責任能力がある、ということは、責任能力を損なうような精神障害がない、という回りくどい二重否定によってしか論証できない。医学でも not particular（特筆すべき異常なし）という控えめな表現で正常を現わすのと同じである**」（p15）

林氏のこの著書に触れたのはすでに一〇年以上も以前のことだと記憶するが、この件を初めて読んだとき、責任能力問題がなぜ厄介なのか（少なくともわたしにはそう感じられるのか）が、少しばかり腑に落ちた。

「**刑事責任能力」は一般的には**、自らの行為について責任を負うことのできる能力の謂いであり、事物の是非・善悪（良し・悪し）を弁別し（理解し）、それに従って行動を統御できる能力をいう、と説明される（是非弁別能力と行動制御能力）。もちろんこの説明に異論はない。しかしこうした教科書的な説明だけでは、わたしのこだわりは解消されなかった。何にこだわっているのか、自分でもよく分からない状態が続いていたのだが、氏が指摘している通り、責任能力があることを示すためには、「責任能力がないことを示す事実がない」、**そのような「二重否定」の方法しかないこと、ここに責任能力問題の厄介さの秘密がある。そう得心した。**

林氏はまた言う。特段の事情がない限り、人は責任能力を有する（正常推定）。これは証明不能であり、また証明不要である（ここは重要である）。特段の事情が生じたとき、はじめて責任能力に疑いが生じる。特段の事情とは何か、その説明（証明）が求められる。先ほど述べたように、この「説明（証明）」をめぐって、さまざまな意見対立が生じる。この意見対立のなかで、責任能力は「あり／なし」と二分される。このとき「責任能力あり」は、本来ならば二重否定によってしか成り立たない概念なのだが、それが消え、一義的な実体概念となる。

もちろん、「責任無能力（心神喪失）」も、突き詰めていくと実体概念ではないのだが、それは「特段の事情」を示すこと（だけ）によって主張される。「責任能力があることを示す事実がない」という立証の形をとる必要はなく、「責任能力がないことを示す事実がある」と主張すればよい（それが裁判所の認めるところとなる必要があるにしても）。重箱の隅を突くような議論だと感じられるかもしれないが、ここにある誤差は、大変微妙ではあるけれども、決して見落としてはならないものではないかとわたしには思われた。

多くの人にとっては裁判時の実務や論議がどう果たされているか、それが妥当なものかどうかに関心が向けられており、このようなわたしの議論は、ただただ煩瑣なだけだろうことは重々承知している。林氏の「二重否定」論を読み、改めてこのようなことを考えるに至ったのは、じつは、「津久井やまゆり園事件」の裁判を傍聴したことに端を発していた。

▼どのように争われていたのか

わたしにとって「責任能力の有無を全面的な争点とする」裁判の傍聴は、津久井やまゆり園事件が初めてであり、ここでの「特段の事情」とは、大麻の常用による精神障害の有無をめぐるものだった。

弁護側に立った鑑定医は、被告のいくつかのエピソードをあげ、これは人格変容を示すものであり、精神の病理に相当すると述べた。大麻性精神障害は日本で一例も報告されていないが、アメリカには報告例がある。それは、大麻使用が日本とはくらべものにならないほど拡大・拡散していることによるものであり、いずれ日本でもそうなる、という点を立証の根拠とした。

一方、裁判所の要請によって立った鑑定医は、たしかに言動面での変化・変容（悪質化）は見られるが、いずれも人格の変容とまで言えるものではない、不合理性はなく了解可能であると述べた。「人格変容の有無」がここでのキーワードとなるのだが、どちらの見解に賛同するかは別にしても、医師たちのそれぞれの立場からこのような見解になるのだ、という点においては納得できるものだった。

ところが、検察官や弁護人双方の被告人質問を聞いていると、なぜこれが「責任能力の有無」（証明）をめぐる議論なのか、多くがよく分からないものだった。またそのことを説明してくれる報道も、識者見解も見られなかった。弁護団はメディアの取材を一切拒否している。

なぜあの法廷審議が、「全面的に責任能力を争うもの」だったのか。詳細は『津久井やまゆり園「優生テロ」事件、その深層とその後』で書いているが、拙著からそのポイントとなるところを抜き出してみる。

まず「**被告人質問を傍聴しながら感じたこと**」という見出しを付け、次のようなことを書いた。

刑事裁判は本来「被告人が話したいことを自由に話す」ための場ではなく、検察と弁護側の双方が自分たちの質問に託して、自分たちが立証（あるいは反証）したい証言を引き出すことを目的としてなされる。犯罪を立証する検察側、反証する弁護側。この対審構造のなかで、それぞれの意図をもって質問はなされていくはずである。ところが、傍聴のさいの感想をまとめると次の三点になる。

一つ目。検察側、弁護側、双方の質問には、その意図が見えてこないと感じることが少なからずあった。言い換えれば、主語（検察官と弁護人）を入れ替えても、とくに不都合が生じない「質問-答え」になっていた。

二つ目。証言をした被告の知人・友人たちの過半は出廷せず、検察官と弁護人がそれぞれが陳述書を読み上げる、という形をとっていた。反対尋問による意見の応酬もなく、結果、検察官と弁護人の両者ともに、「言いっ放し」で論議が深まらないまま終わっている、という印象が強いものだった。

三つ目。検察官、弁護人双方の質問の多くにたいし、植松被告は即答していた。考える、沈黙するという場面が見られず、滞ることなく次々に答えていた。このことは、これまでの取り調べで、あるいは識者たちによる接見で、何度も尋ねられた問いが、法廷でも同じようにくり返されていたことが推測される。プロの実務家に対して失礼ながら、問い方を工夫する必要はなかったのかとか感じるところの多いものだった。

意図不明、深まらない議論、被告人の独演会、以上の三点が感想だった。以降、裁判資料をくり返し熟読し、検察官、弁護人、両者がどのような意図のもとで被告人質問をおこなっていたのか、わたしなりの仮説をつかんでいく作業に傾注していくことになった。

まず、弁護人、検察官の質問主体を「Q」とし、被告人質問から引く。

〈1〉

Q：決行すると決めたのは入院中ですか。／**被告人**：はい。／**Q**：やろうと決めてからどんな行動を取りましたか。／**被告人**：結束バンドやハンマーを購入しました。／**Q**：結束バンドは何種類買いましたか。／**被告人**：二種類です。／Q：どうしてですか。**被告人**：長いのと短いのがあったため、念のためです。／Q：使い分けようと思ったんですか。／**被告人**：念のために買っただけです。Q：結束バンドやハンマーの他には何を買いましたか。／**被告人**：ガムテープや手袋です。Q：ガムテープは何のために買いましたか。／**被告人**：口をふさぐためです。／Q：誰のですか。／**被告人**：職員のです。／Q：入所者ではなく職員の？／**被告人**：はい。Q：ハンマーは何のために買いましたか。／**被告人**：窓ガラスを割って侵入するためです。／Q：何種類買いましたか。／**被告人**：たしか2種類です。／Q：どうしてですか。／**被告人**：念のためです。／Q：使い分けるつもりはありましたか。／**被告人**：ありません。／Q：手袋は何のために買いましたか。／**被告人**：素手より手袋のほうがいいと思ったからです。Q：包丁はどこで用意しましたか。

〈1〉ではホームセンターに行ってハンマーと結束バンドを購入したことが語られているが、これは当日の行動である。前日、二五日の夜は、河川敷で友人と会っていたと言う。その部分を引く。

〈2〉

Q：会ったのは何時ごろでしたか。／**被告人**：一二時すぎだったと思います。／Q：河川敷では何をしましたか。／**被告人**：大麻を吸っていました。／Q：その後は。／**被告人**：事件を起こそうと思いました。／Q：そのあと河川敷から移動していますが、交通手段は何でしたか。／**被告人**：車です。／Q：大麻を吸っていたのではありませんか。／**被告人**：はい。／Q：その後車で家に戻りましたか。／**被告人**：帰っていません。／Q：どこに行こうとしましたか。／**被告人**：あまりに、えーっと、なんと説明すればいいか、説明の仕方が分かりません。／（略）…バス停に移動／

Q：バス停ではどうしてましたか。／**被告人**：始発のバスを待ち、始発に乗りました。／**Q**：それからどうしましたか。**被告人**：新宿で降りました。／（略）／**Q**：そのあと何をしましたか。／**被告人**：新宿の漫画喫茶で、自分の考えをノートにまとめました。／**Q**：そのあとは。／**被告人**：地元に車をとりに戻りました。／**Q**：車はどこで受け取りましたか。／**被告人**：津久井署だったと思います。／**Q**：それは二五日〔犯行前日〕ですね。／**被告人**：はい。／**Q**：そのあとどうしましたか。／**被告人**：車でホームセンターに行きました。

〔この後、結束バンドを購入したという、検察官も尋ねていたやり取りが続く〕

この二つの引用を読み、どちらが検察官で、どちらが弁護人によるものか、判断できた方が、どれだけおられただろうか。種明かしをすれば、〈1〉は検察官によるもの、〈2〉は弁護人によるものである。わたしはこの公判を傍聴しているのだが、前述したように、なぜこうした問いが、「責任能力あり」あるいは「なし」を立証するためになされているのか、意図が皆目わからなかった。「検察官○○より質問します」「弁護人の□□がお聞きします」と言って始められただけで、質問の趣旨の説明もなかった。〈2〉のあとに注記を入れたように、同時刻の行動への問いが、双方によってなされているケースさえ見られたのである。

第一章1の§2（浅草での事件）、2の§2（寝屋川での事件）の記述を思い起こしていただきたいが、それぞれにおいて、検察官の犯罪立証を崩すためになされている質問、あるいは意見具申であるという意図が明瞭である。そして反論・反証や反対尋問が繰り返された。やまゆり園事件の裁判ではそれはなく、ただ問いと答えが投げ出されただけだった。

結論のみ記すが、裁判詳報を繰り返し読むことで、次のような意図を推測していった。

検察側の被告人質問（第九回公判）の記録は、内容が次のようになっていた。
①自分たちが示した事実関係を確認し証明するためのもの。
②「犯行動機」の形成となる考え方（優生思想と呼んでいるもの）をめぐるもの。
③弁護団が「妄想」状態にあるとした事実への反証を意図したと推測されるもの。
また弁護人の問いの多くは、「なぜそれをしたのか」「そのときにどんなことを考えていたのか」など、被告の「考え」や「感想」「理由」を求める内容に、多くが費やされていた。速記録を見てみると、三分の二以上がそうした問いに割かれている。

「**そこには何が書かれていたか**（多くの人が幸せになるための七つの秩序――「新日本秩序」として被告人が書き残したもの）」「**それはどんなものか**（安楽死、大麻、カジノ、軍隊、セックス、美容、環境について）」「**安楽死とは**（意思疎通できない人間を安楽死させること）」「**意思疎通できない人間はなぜ安楽死させるのか**（無理心中、介護殺人、社会保障費、難民など、さまざまな問題を引き起こす元になっているから）」……

このようなやり取りがこの後も延々と続いていく。世界の経済状況と日本の借金問題について。津久井やまゆり園で働いて感じたことについて。ヒトラーについて。大麻について。カジノや軍隊について。環境問題について。イルミナティカードについて。措置入院時のことについて。なぜ自分が実行しないといけない、と考えるようになったのか。……

このように「新日本秩序」に書かれていることを中心に、言い換えれば事件のポイントなっている事柄について、その感想や考えを求めることで弁護人の被告人質問は構成されていた。こうした被告人質問を並べていくことで、弁護側は何を証明しようとしていたのか、わたしにはその意図がつかめなかった。記者たちも同様だったらしく、裁判詳報に「この後も独演会が続く」と書き込んでいる記事も見られた。

至り着いた仮説は、次のようなものだった。問いが繰り返されるにつれてそこに被告人の「考え」が積み上げられていくが、そのことを通し、被告人の考えがどれほど「非常識で常軌を逸している」か、その事実を示そうとしている。そしてそれこそが、大麻の影響による人格変容の結果である。そのようなロジックをとろうとしていたのではないか。これが弁護団のとった方法ではなかったかと思われたのである。

検察官は、被告人に事件に至る経緯について確認させていくことで、「完全責任能力あり」を論証しようとしていた。一方の弁護団は、被告人自身に考えを述べさせることで、「責任能力なし（あるいは疑いあり）」を示そうとしていた。

つまりは、自分たちが語らせた被告人の証言を、一方はそれを「完全責任能力あり」の論拠とし、もう一方はそれを「責任能力なし」の証拠として示す。そして双方が、これこそが自分たちの立証の根拠であると主張する。それが、この裁判における「責任能力判断」の基本的な論理構造になっている。

検察官の問いによる被告人の証言→「責任能力あり」の証拠。
弁護団による被告人の証言→「責任能力なし」の証拠。

検察側のロジック。「被告人の発言に見られるように、考えの『内容』は一般常識からは逸脱し、非常識かつ差別的この上ないものとなっているが、その経緯についての詳細を記憶しており、また事実認識や論理の運びには、乱れも矛盾もない。したがって了解可能であり、責任能力に問題はない」。

弁護側のロジック。「論理の運びに混乱はないものの、大麻の影響によってその『考え方』には大きな飛躍と逸脱がある。その逸脱と飛躍こそが人格の変容を示しており、内容も行動も了解不能である。これは大麻精神障害の結果であり、責任無能力あるいは限定責任能力であることの証左である」。一方は内容ではなくロジックの妥当性を強調し、もう一方はロジックの形式ではなく内容の荒唐無稽さを強調する。これが「責任能力」をめぐる争いの基本構図だったのではないか。これが、わたしのたどり着いた仮説だった。

▼この裁判をどう受け止めたか

検察官はともあれ、弁護団のこのような論証の方法が「責任能力なし（あるいは疑いがあり）」の立証として、どこまで妥当性や有効性を持つものか、シロウトには、にわかには判断のできかねるものがある。裁判員の方たちには、終了後、おそらくは裁判官による解説がなされたかもしれないが、しかしどこまで説得力をもってとどいただろうか。

控えめに言っても、「大麻の影響による精神障害」が示されていたかと言えば、残念ながら首をかしげざるを得なかった。第一章三の§1、第三章9では、被告人質問それ自体が、傍聴をしているわたしにあってさえ、訴訟能力に疑念を抱かせる内容になっていた。しかし植松被告人の質問には、自説に頑強に固執する点や、論理の独善性は見られるものの、病理を疑わせる逸脱や飛躍、論理の乱れといったものはほとんど感じられなかった。

むしろ被告人質問は、植松死刑囚にとって、自説を述べる格好の場となっていた。自身が繰り返していたように、これこそが彼にとって、裁判に臨むにあたっての大きな目的だった。そして被告人質問によってそれを果たした。マスメディアをして「植松劇場」とか「植松独演会」と称されたのは、この点に求められるのではないかと思う。責任能力のあり・なしを証明しようとする裁判が、自説の最大のアピールの場となる。なぜこのようなことになってしまうのか。

これが、わたしが抱いた最大の疑念だったといってよい。

もう一つあった。弁護団は冒頭陳述の最後に、裁判員にお願いしたいことがある、と次のように述べていた。

「植松さんに責任能力が存在していなかったことを、植松さんや弁護人が証明する責任はありません。植松さんに、行為の良い悪いを判断する能力、その判断に従って行動をコントロールする力があったかどうかということを、検察官が立証しなければいけません。裁判では、不確かなことで人を処罰することは許されません。ですから、証拠を検討した結果、良識に従って判断し、植松さんに責任能力があることが間違いないと考えられる場合にのみ、有罪とすることになります」

拙著では控えめに述べたが、ここもまた大いに疑念を抱いたところであった。

犯罪の立証責任があるのは検察官であり、その立証に綻びがあれば、有罪認定はできない。疑いが生じたときには、検察官は反証しなければならない。——これは刑事裁判の基本となる大前提であるが、弁護団はこれをスライドさせ、「責任能力」に当てはめている。犯罪事実の立証の一つとして、被告の有責性、「非難されるべき責任」を有していることも立証せよ、そう弁護団は述べている。しかし、これは転倒ではないかとわたしには思われた。

先の林幸司氏の前記著作をもう一度見るが、「正常推定」という項目のもと**「無罪推定と表裏一体に正常推定が働いているのであるから、心神喪失を主張するならばそちら側に異常性を立証する責任がある」**と書いておられた。現行のシステムでは、「正常推定」に疑いがあるときには、起訴することはできない、起訴をしない（起訴便宜主義）。不起訴となる。

起訴するにあたっては、起訴前に鑑定をし、有責性を担保しておかなくてはならない。つまり、検察官にとって起訴した時点で有責性は前提（立証済み）となっているのであり、もし有責性（責任能力あり）に疑義があると訴えるのであれば、訴えたほうに立証責任が生じる。公判において検察側が行なう精神鑑定は、それへの反証である。くり返すが、心神喪失の挙証責任は、それを訴えたほうにある。林氏同様、わたしの理解ではこうなる。

ほかの裁判でどのように「責任能力」が争われてきたか、わたしにはわからない。しかし本書で記してきたように、浅草の事件でも、寝屋川の事件でも、東金の事件でも、濃淡はあれ、責任能力が争点の一つとして挙げられていた。しかしそこで弁護団が、「被告に責任能力があったことを立証せよ」と検察官に求めことは一度もなかった。「責任能力なし」と主張することが、返す刀で、検察官は「責任能力ありを立証せよ」とするロジックをも同時にともなってしかるべきなのかどうか。

もし、心神喪失あるいは心神耗弱を訴える刑事裁判にあって、法廷戦術の一環としてこのロジックが広く用いられるならば、裁判それ自体が混乱をきたすのではないか。精神鑑定の濫用ならぬ、法廷戦術の濫用なのではないか。そのような疑念が抜きがたく残った。

ともあれ、津久井やまゆり園事件の裁判では、このようにして争われた。

これだけの事件の弁護を引き受けることは、それだけでも相当大きな心労となるだろうことは推測できる。よほどのことがない限り死刑判決が予想される、いわゆる「死刑事件」である。その裁判でどのような弁護方針を採るかについても、苦慮の連続だったことも想像に難くない。そしてこのように、シロウトに批判までされる。

そのことをわきまえつつ述べれば、この事件と裁判から何を学べばよいのか、何を教訓とすればよいのか、踏み込んだ議論がいまだなされていないことを、わたしは危惧し、残念に思うものである。

法律の専門誌では何ごとかの見解が披歴されており、わたしが不勉強だけなのかもしれないが、少なくともマスメディアでは目にしていない。問題が一つとして深められることのないまま、事件自体が忘れられようとしている。なぜ「自分たちの福祉」から「植松聖」が現れたのか。そのことはどこまで問われているのか。これでは一言も発することなく命を奪われ、また深く傷つけられた人たちに、とても申し訳が立たないのではないかと、わたしは強く思う。それがいま現在の、偽りのない心情であり、本書を書かせたもっとも深い動機である。

（書き下ろし）

【あとがきに代えて】「障害」は犯罪に直結しない、「かれら」はその予備軍でもない

『津久井やまゆり園「優生テロ」事件、その深層とその後』を上梓した後、著書についてインタビューをしていただく機会が何度かあった。そのなかのお一人が、終了後、「いや、佐藤さん、それにしてもあの本は、マスコミ批判が徹底してたね」と洩らした。じつはご指摘のとおりである。目利きは、さすがにお見通しだった。続けて「書評は何紙くらい出たの」と尋ねられたので、「いや中央紙は皆無です」と答えると、「あれだけやられると、仕方がないかもね」、とその方は言葉を重ねた。

決して糾弾的な批判としては記述していないのだが、読む人が読めば、ところどころでマスメディアに対する「静かな怒り」を滲ませた件に出会うはずである。本書では、浅草の事件と所沢の事件の章で、またやまゆり園裁判の章で、その報じ方へ一石を投じている。

二〇年も以前のような報道はもはや見られず、人権への配慮も進み、それなりに抑制と目配りの効いた記事となっていることは、わたしもよく承知している。また少数ながら、深い関心を持って本書のテーマを共有し、粘り強い取材を続けておられる記者の方がおられることも、もちろんよく存じ上げている。

いささかないものねだりになってしまうのだが、「平均的によくまとめられた記事」は、新聞という読者の量やその影響力を考えたときに、仕方がないのかもしれないとは思う。しかし、どうしてもっと踏み込んでくれないのかと感じることが少なからずあることは、たしかである。

なぜ重要視するか。事件が一般の市民に触れる一番初めの窓口が、報道だからである。報道は、受け手がどのようなイメージをもつのか、その最初の重要な試金石だからである。そしてそこでは否応

なしに障害理解の深浅があらわれてしまう。だからこそ、深刻で被害の甚大な事件であればあるほど、わたしは報道を注視し、どう報じられているかそのハードルを上げることになる。

なぜ「責任能力」という問題にこだわり、もっと掘り下げてくれないのかと述べ続けてきたのも、ここにかかわる。「責任能力があったかなかったか」ということ以上に、背後にはもっと広くて深い「障害」の何であるかをめぐる課題がある。途中の説明を省いていえば、「共生」とか「社会的包摂」とか、「合理的配慮」といった言葉で説明されている、「障害」をもつ人たちと「社会」とのかかわりという課題の、ある意味では先端部分の問題が、微妙さと複雑さとともにその奥の方に潜んでいる。勢い、ハードルは高くなる。そして「背後にある微妙で複雑な問題」こそが、本書に一貫する主題である。

犯罪は、いかに個人の資質が（あるいはそれだけが）大きく関与してなされるように見えても、かならずや社会との相関のなかで現れてくる。やまゆり園についての拙著ではその点についての試論を記述し、戦後史という「地」を描いて俯瞰しているが、本書では十分に果たせなかった。あとどれくらいの時間がわたしに残されているかは分からないが、叶うならば、今後の宿題としたい。

＊

優等生的なことを書くのはいささか面はゆいが、この間、多くの友人知人、元の同僚、新しい仕事を通して出会うことになった方がた、勉強会やわたしの手作りの雑誌に協力しまた支えてくださった方々、売り上げなどとうてい望めそうもないわたしの本を、それでも刊行に至らせてくれた編集者や版元の方々に、心よりの感謝を忘れるわけにはいかない。そしてわたしの最大の共闘者である畏友、故加岳井広ことかがくいひろしにも、遅ればせながらここでお礼を申し述べておきたい。絵本作家としての彼の業績の大きさは、わたしなどとは比べるべくもないが、一作一作が、彼への返礼であった。

孤独で重圧の大きな仕事となることは元より覚悟していたが、決して孤立しているわけではなかった。そのことを改めて思う。

＊

最後にもう一度、お断りしておきたい。

発達障害と総称される「かれら」は、犯罪の予備軍ではない。「障害」が犯罪に直結するわけではないし、社会的に「危険」な存在でもない。

どうか、危険視しないでいただきたい。

むしろ人をだましたり、策を弄して貶めようとしたり、進んで暴力に訴えたり、そのようなことの大変不得手な人たちである。事件の加害者となることは、きわめてレアなケースである。そのことをどうか理解していただきたいと思う。

その点をもう一度強く申し述べて、本書を結びたいと思う。

二〇二四年三月一日

佐藤幹夫

著者……佐藤幹夫（さとう・みきお）

1953年、秋田県生まれ。2001年よりフリーランスとして、執筆や、雑誌・書籍の編集発行に携わる。1987年より批評誌『飢餓陣営』を発行し、現在58号。主な著書に『自閉症裁判』（朝日文庫）、『知的障害と裁き』（岩波書店）、『ルポ　闘う情状弁護へ』（論創社）、『ルポ　認知症ケア最前線』（岩波新書）、『「認知症７００万人時代」の現場を歩く』（言視舎）、『評伝島成郎』（筑摩書房）、村瀬学との共著『コロナ、優生、貧困格差、そして温暖化現象──「世界史的課題」に挑むための、私たちの小さな試み』（論創社）、宮尾節子との共著『明日戦争がはじまる【対話篇】』（言視舎）、『津久井やまゆり園「優生テロ」事件、その深層とその後』（現代書館）他多数

装丁…………山田英春　DTP組版…………勝澤節子
協力…………田中はるか

「責任能力」をめぐる
新・事件論
「かれら」はどのように裁かれてきたのか

発行日❖2024年4月30日　初版第1刷

著者
佐藤幹夫
発行者
杉山尚次
発行所
株式会社言視舎
東京都千代田区富士見2-2-2 〒102-0071
電話03-3234-5997　FAX 03-3234-5957
https://www.s-pn.jp/
印刷・製本
中央精版印刷㈱

ISBN978-4-86565-274-1 C0036

978-4-86565-263-5

明日戦争がはじまる【対話篇】

詩で戦争を止める? 「明日戦争がはじまる」で世間を騒然とさせたパンク詩人とやまゆり園優生テロ事件を追うジャーナリストが「戦争」に落とし前をつける。戦争をめぐる語り口を刷新。シロウトが語らずして誰が戦争を語るのか。

宮尾節子、佐藤幹夫　著

四六判並製　定価2000円＋税

978-4-86565-233-8

新・戦争論「世界内戦」の時代

ウクライナ—ロシアの戦争、中国の大国主義は、２１世紀型新・戦争概念「世界内戦」の概念ぬきには理解できない。この事態を10年前から予見していた論客が、世界規模で進む「没落する中流」と戦後日本社会の欺瞞、空洞化を指摘。

笠井潔著

四六判並製　定価2200円＋税

シリーズ現場から

978-4-86565-226-0

「車いすの先生」、奮闘の記録 彼はなぜ担任になれないのですか

障害があり「車いすの先生」三戸学さんは中学の数学教師歴22年だが、何度希望しても担任になることができない。「学校の合理的配慮」という理不尽、内実のない「障害者との共生」や「教員の働き方改革」を問い直す問題提起の書。

佐藤幹夫著

四六判並製　定価2200円＋税

シリーズ現場から

978-4-86565-249-9

空気を読まない「がっこう」悩みごと相談

現場の事例で説得力がある、役に立つ！　言うことをきかない生徒、不登校、いじめ、モンスターペアレント、管理職の横暴、定額働かされ放題、給特法、主幹教諭、役に立たない組合。忖度しない著者だからできる的確なアドバイス。

赤田圭亮著

四六判並製　定価1900円＋税

シリーズ現場から

978-4-86565-256-7

「ケア」を謳わないケア

児童養護施設・心理職の視点から

虐待を受けた子どもたちをどのようにケアしたらいいのか?　そもそもケアとは?　地についた思考、丁寧な理論的検証、徹底した現場からの発想で、ケア理論と実践の新地平を切り拓く。

内海新祐著

四六判並製　定価2500円＋税